LIBRI I KUZINËS PERFEKTE

100 receta të thjeshta dhe të shijshme

Denise Bruno

Materiali i autorit ©2024

Të gjitha të drejtat e rezervuara

Asnjë pjesë e këtij libri nuk mund të përdoret ose transmetohet në çfarëdo forme apo mjeti pa pëlqimin e duhur me shkrim të botuesit dhe pronarit të së drejtës së autorit, përveç citimeve të shkurtra të përdorura në një përmbledhje. Ky libër nuk duhet të konsiderohet si zëvendësim i këshillave mjekësore, ligjore ose të tjera profesionale.

TABELA E PËRMBAJTJES

TABELA E PËRMBAJTJES..3
PREZANTIMI..7
MËNGJESI..8
1. Bukë boronicë me arra...9
2. Petulla austriake e grirë (Kaiserschmarrn).................12
3. Kos me Drithëra dhe Luleshtrydhe.............................16
4. Tavë e mëngjesit Chilaquiles......................................18
5. Vezë me Serrano Proshutë Tortilla Wrap...................21
6. Proshutë klasike me vezë...23
7. Bukë me hudhër..25
8. Frittata me djathë dhie dhe kërpudha.........................28
9. Rizoto për mëngjes me proshutë, vezë dhe presh......30
10. Vezë të fërguara në një filxhan................................34
11. Skuqje me oriz, patëllxhanë dhe feta.......................36
12. Kifle me vezë..39
13. Bukë rozmarine me patate..41
SNACKS DHE MEZHET..46
14. Dolli me gratin me Angjinarja..................................47
15. Rolls kungull i njomë me pate perimesh.................51
16. Dolli me sardelet..53
17. Kungull i njomë i mbushur me djathë me pak kalori...55
18. Qofte patëllxhani me salcë domate..........................57
19. Skewers Monkfish dhe Domate Qershi....................60
20. Kutitë me patëllxhanë...62
21. Pumpernikeli me marule, djathë Harz dhe mollë.....65
22. Avokado e mbushur me Tinga pule..........................68
23. Rostiçeri me broshet frutash.....................................70
24. Kupa me ton dhe shalqi..72
25. Tost me avokado dhe luleshtrydhe...........................75
26. Patëllxhan dhe humus Timbale.................................77
27. Salcice Kërpudha të mbushura.................................80
28. Avokado e mbushur me Amarant.............................82

SANDWICHË DHE MËSHTIM..84
29. Sanduiç proteinash me ton.................................85
30. Spring Rolls me salcë tajlandeze mangoje..............87
31. Mbështjellës me avokado të Turqisë....................90
32. Kërpudha vegjetariane mbështjell me pesto...........93
33. Avokado dhe Djathë Emmental dhe Quesadillas........95
34. Burritos e lakrës..97
35. Burger vegjetal..100
KURS KRYESOR...103
36. Bolognese e thjeshtë, thelbësore.......................104
37. Oriz i skuqur me perime dhe tofu......................108
38. Pulë e pjekur me oriz kaf...............................111
39. Patëllxhan i mbushur me oriz..........................113
40. Kërpudha dhe bishtaja me bajame.....................117
41. Cod me avull..119
42. Peshku në tas me qumësht kokosi....................122
43. Poke Bowl me salmon...................................125
44. Salmon me salsa avokado..............................127
45. Kungull Spageti me karkaleca deti....................129
46. Karkaleca meksikane....................................131
47. Limon dhe trumzë Salmo n............................133
48. Karkaleca Scampi & Spageti Kungull................135
49. Merluci në salcën e domates..........................138
50. Tilapia me xhenxhefil...................................141
51. Swiss C hard & Haddock..............................143
52. Salmon Fettuccini.......................................145
53. Fileto derri me petë të pjekur në furrë..............147
54. Mish derri i fërkuar nga Kili me misër dhe fasule të zeza
....149
55. Nachos derri me mjaltë-lime..........................152
56. Mish derri me salcë porti dhe rozmarine............155
57. Posole derri...158
58. Bufer karrota kungull i njomë........................161
59. Byrek me pule me pule.................................163
60. Pulë me lustër soje......................................166

61. Spageti kungull i njomë me topa perimesh...................169
62. Lazanja me perime të lehta.........................173
63. Lazanja me kungull i njomë.........................176
64. Pulë gjahtari......................................178
65. Gjoksi i rosës me kumbulla mirabelle...............180
66. Pulë me brokoli dhe salcë yuzu.....................182
67. Gjeli i detit me tarragon me mangeout dhe oriz të egër 184

SALATA DHE ANËT.......................................187
68. Salmon i tymosur i mbushur me sallatë ruse........188
69. Sallatë me asparagus dhe gjizë.....................191
70. Spinaq dhe perime mango...........................194
71. Lakër meli sallatë.................................197
72. Sallatë me fasule të kuqe me guacamole............199
73. Sallatë me fasule jeshile-verdhë me qepë të kuqe.....201
74. Raketë me mango, avokado dhe domate qershi........203
75. Sallatë me patëllxhanë me grill me spinaq.........205
76. Sallatë me patate..................................207
77. Sallatë domate me kubikë avokado..................209

SUPPA DHE MEZE..211
78. Zierje e lehtë me thjerrëza.......................212
79. Supë me perime dhe quinoa.........................215
80. Supë dobësimi me pulë dhe fasule..................217
81. Patate dhe supë...................................220
82. Supë me lulelakër me shafran të Indisë............222
83. Supë hangover me tenxhere.........................224
84. Supë gjermane me patate...........................226

ËSHTËRTI..228
85. Tortë me erëza me raven përmbys...................229
86. Tortë me djathë Nju Jork..........................233
87. Akullore me mjedër................................237
88. Mjedër dhe çokollatë e bardhë Kupat...............239
89. Sallatë frutash gustator dhe akullore.............241
90. banane , granola dhe kokrra të kuqe...............243
91. Boronica dhe pjeshkë e freskët....................245

92. Akullore kungull pa sheqer..247
93. Ëmbëlsirë me fruta të ngrira..249
94. Puding me avokado...251
95. Sufle me luleshtrydhe..253
96. Brownies pikante me kungull i njomë.................................255
97. Tortë në një filxhan..257
98. Kupëza me limon me mjedër...259
99. Topat e kifleve me karrota..261
100. Byrek me ëmbëlsirë me pjeshkë......................................264
PËRFUNDIM..266

PREZANTIMI

Mirë se vini në LIBRIN E GATIMEVE TË KUZINËS PERFEKTE, një aventurë kulinare që premton ushqim dhe kënaqësi të pastër.

"LIBRI I KUZHINAVE PERFEKT" është një koleksion recetash ku secila prej tyre kontribuon në mirëqenien tuaj në një mënyrë unike.
Imagjinoni të hyni në një kuzhinë ku nuancat e gjalla të produkteve të freskëta krijojnë një gamë verbuese dhe çdo përbërës është një goditje me furçë në kanavacën e një vakti të shëndetshëm.

Pavarësisht nëse jeni një ekspert në botën e të ushqyerit të shëndetshëm ose një fillestar i etur për të eksploruar mundësitë e të ngrënit të gëzueshëm, ky libër gatimi është udhëzuesi juaj.

MËNGJESI

1. Bukë boronicë me arra

PËRBËRËSIT:

- 3/4 filxhan (85 gram) pecans
- 1 filxhan (200 gram) sheqer të grimcuar
- 2 portokall të mesëm në të madh
- 6 lugë gjelle (85 gram) gjalpë pa kripë, të shkrirë dhe të ftohur
- 1/2 deri në 2/3 filxhan (120 deri në 160 gram) salcë kosi ose kos i thjeshtë
- 1 vezë e madhe
- 1 lugë çaji kripë kosher
- 1 lugë çaji pluhur pjekjeje
- 1/2 lugë çaji sodë buke
- 2 gota (8 ons ose 225 gram) boronica të freskëta ose të ngrira, të përgjysmuara
- 2 gota (260 gram) miell për të gjitha përdorimet
- Sheqer perla (rreth 1½ luge gjelle), per mbarim

UDHËZIME:

a) Ngrohni furrën tuaj në 350°F. Nëse pekanët tuaj nuk janë të thekur, ose nëse u mungon ajo aromë e thekur, skuqini ato në furrë për 6 deri në 8 minuta derisa të bëhen aromatike. Më pas i presim përafërsisht dhe i lëmë mënjanë.

b) Lyejeni një tavë për bukë (8½ me 4½ ose 6 filxhanë volum) me gjalpë ose spërkatje që nuk ngjit. Për heqje më të lehtë, konsideroni të rreshtoni pjesën e poshtme dhe dy anët e gjata me letër pergamene.

c) Në një tas të madh, vendosni sheqerin e grimcuar dhe grijini portokallet në të. Përdorni majat e gishtave për të fërkuar lëkurën me sheqer, duke përmirësuar aromën.

d) Pritini portokallet në gjysmë dhe lërini ato në një masë prej 1 filxhani, duke e mbushur atë në rreth 1/3 deri në 1/2 filxhan. Shtoni salcë kosi derisa lëngu të arrijë në vijën e 1 filxhanit, më pas përzieni për t'u bashkuar.

e) Rrihni gjalpin e shkrirë dhe të ftohur, të ndjekur nga vezët në përzierjen e sheqerit me lëkurë. Më pas përzieni përzierjen e lëngut të portokallit dhe kosit.

f) Spërkateni sipërfaqen e brumit me kripë kosher, pluhur pjekjeje dhe sodë buke. Rrihni këto përbërës të thatë tërësisht në brumë, duke u siguruar që ta gërvishtni tasin poshtë.

g) Përziejini boronicat e përgjysmuara dhe pekanët e thekur. Më pas përzieni butësisht miellin për të gjitha përdorimet derisa të zhduket në brumë.

h) Transferoni brumin në tavën e përgatitur dhe lëmoni sipër. Sipas dëshirës, spërkatni sheqerin me perla mbi tortë për një prekje përfundimtare.

i) Piqni për 60 deri në 70 minuta, duke e rrotulluar tavën një herë për një ngjyrë të barabartë, derisa një kruese dhëmbësh e futur në petë të dalë e pastër, pa brumë. Nëse është e nevojshme, jepini më shumë kohë tortës pa u shqetësuar se mos errësohet shumë.

j) Lëreni kekun të ftohet në tepsi në një raft derisa të arrijë temperaturën e vakët ose të dhomës. Më pas prisni në feta dhe shërbejeni.

k) Kjo bukë me boronica të kuqe mund të mbahet në temperaturën e dhomës për 5 deri në 6 ditë. Për të ruajtur lagështinë e ruani në tepsi, duke mbuluar anën e prerë me fletë metalike.

2. Petulla austriake e grirë (Kaiserschmarrn)

PËRBËRËSIT:
- 1/2 filxhan (75 gram) rrush të thatë (opsionale)
- 2 lugë gjelle (30 ml) lëng frutash ose rum (vetëm nëse përdorni rrush të thatë)
- 4 vezë të mëdha, të ndara
- 2 lugë gjelle (25 gram) sheqer të grimcuar
- 1/4 lugë çaji kripë kosher
- 1 lugë çaji pluhur pjekjeje
- 3/4 filxhan (100 gram) miell për të gjitha përdorimet
- 1/2 filxhan (120 ml) qumësht, çdo lloj
- 2 deri në 3 lugë gjelle (30 deri në 40 gram) gjalpë pa kripë ose ghee (gjalpë i kulluar)
- Sheqer pluhur
- Reçel, salcë molle ose salcë tjetër frutash, ose komposto me kumbulla/kumbulla të ziera për t'u shërbyer

UDHËZIME:
a) Nëse jeni duke përdorur rrush të thatë, filloni duke i zhytur në rum ose lëng të nxehtë dhe lërini mënjanë derisa të nevojitet.

BËNI BRUMIN:
b) Në një tas të madh, rrihni së bashku të verdhat e vezëve, sheqerin, kripën dhe pluhurin për pjekje. Hidhni qumështin dhe më pas miellin, duke e përzier derisa brumi të jetë kryesisht i qetë. Disa gunga të vogla janë në rregull. Lëreni brumin të pushojë për 10 minuta.

c) Ndërkohë, në një tas të veçantë ose duke përdorur një mikser elektrik, rrihni të bardhat e vezëve derisa të formojnë maja të forta. Palosni butësisht të bardhat e vezëve të rrahura në përzierjen e të verdhës së vezëve, duke u përpjekur të mos i shfryni të bardhat e vezëve.

Nëse jeni duke përdorur rrush të thatë, palosini butësisht në brumë në këtë fazë.

Gatuani petullat:
d) Nxehni një tigan të madh (10" deri në 12") mbi nxehtësinë mesatare. Shtoni 2 lugë gjalpë ose ghee dhe lëreni të shkrijë. Derdhni brumin në tepsi dhe shpërndajeni në mënyrë të barabartë. Gatuani për 3 deri në 4 minuta, duke ngritur një buzë herë pas here për ta kontrolluar, derisa petulla të marrë një kafe të thellë të artë në fund. Ulni nxehtësinë nëse po skuqet shumë shpejt.
e) Nëse mund ta ktheni petullën në një pjesë, shkoni për të. Përndryshe, përdorni një shpatull për të liruar skajet, rrëshqisni atë në një pjatë të madhe dhe kthejeni një tigan bosh mbi petullën dhe pjatën. Mbajini të dyja së bashku dhe kthejeni shpejt petullën përsëri në tigan. Vazhdoni gatimin derisa ana e dytë të marrë ngjyrë të artë, rreth 3 minuta të tjera.
SHQIP/SHQIP PETULLIN:
f) Ka dy mënyra për ta bërë këtë. Mund të përdorni dy pirunë ose një shpatull të mprehtë për të grisur ose copëtuar petullën në copa 1" deri në 2" direkt në tigan. Përndryshe, mund ta rrëshqitni përsëri në pjatën e përdorur për rrokullisje dhe ta copëtoni atje. Kjo ju lejon të shtoni një lugë tjetër gjelle gjalpë në tigan për skajet më të buta dhe pak të freskëta në petullën e fundit. Kthejini copat e petullave dhe çdo brumë të derdhur në tigan dhe gatuajeni, duke i trazuar, derisa copat e petullave të jenë gatuar kryesisht, por jo plotësisht. Një qendër paksa kujdestare në çdo kafshim është ideale.
PËR TË SHËRBUAR:

g) Transferoni copat e petullave në një pjatë dhe spërkatni bujarisht sheqer pluhur mbi to. Shërbejeni me copa limoni, reçel, salcë frutash, manaferra të freskëta ose, siç tregohet, me komposto kumbullash të ziera/kumbulla.

kumbulla të ziera/kompotë me kumbulla (ZWETSCHGENRÖSTER):

h) Kombinoni 1 kile kumbulla të freskëta të zeza ose kumbulla të thata (të paqëruara, të grira në çerek ose të prera në të tetat), 1/3 filxhan sheqer të grimcuar, 1/4 filxhan ujë, 1 shkop kanelle ose 1 lugë çaji kanellë të bluar dhe 1/8 lugë çaji (ose më shumë për shije) karafil të bluar mbi nxehtësinë mesatare.

i) Lëreni të ziejë dhe përzieni herë pas here derisa fruti të jetë mjaft i mprehtë dhe i butë për t'u thyer lehtësisht me një lugë, gjë që zgjat rreth 20 minuta (deri në 25 minuta për më shumë fruta të copëtuara). Hidhni lëngun e gjysmë limoni dhe lëreni mënjanë të ftohet derisa të nevojitet.

3. Kos me Drithëra dhe Luleshtrydhe

Bën: 4 porcione

PËRBËRËSIT:
- Luleshtrydhe të freskëta
- 1 kos
- I dashur
- bajame

UDHËZIME:
a) Në një enë shtoni luleshtrydhet.
b) Hidhni sipër kosin dhe spërkatni me drithëra.

4. Tavë e mëngjesit Chilaquiles

PËRBËRËSIT:
- 12 tortilla misri të vogla (6 inç), të grira në katër dhe të skuqura derisa të bëhen të freskëta
- 1 1/4 filxhan (nga një kanaçe 10 ons) salcë e kuqe enchilada [shih Shënimin]
- 1 3/4 filxhan (nga një kanaçe 15 ons) fasule të zeza, të kulluara dhe të shpëlarë
- 2 gota (8 ons) djathë Monterey Jack të grirë të grirë trashë ose çedër (ose një përzierje e të dyjave)
- 6 deri në 8 vezë të mëdha
- Kripë Kosher dhe piper i zi i sapo bluar
- Qepa të prera hollë, salcë kosi, avokado të prerë në kubikë dhe salcë e nxehtë, për përfundimin dhe servirjen

UDHËZIME:
a) Ngrohni furrën tuaj në 375°F (190°C).
b) Lyejeni një enë pjekjeje prej 3 litrash, si p.sh. një enë 7,5 x 11,5 inç, me vaj ose llak gatimi që nuk ngjit.
c) Përhapeni 1/4 e çerekëve të tortiljes së skuqur në fund të enës së pjekjes.
d) Hidhni ose shpërndani 1/4 e salcës enchilada mbi tortillat.
e) Shtoni një shtresë fasule të zeza dhe një shtresë djathë të grirë. Përsëriteni këtë proces shtresimi edhe tre herë.
f) Piqeni tavën në furrën e nxehur më parë për rreth 15 minuta, ose derisa djathi të shkrihet dhe tortillat të jenë zbutur pak.
g) Hiqeni tavën nga furra dhe vendoseni në një raft ftohjeje (por mbajeni furrën ndezur).

h) Përdorni një lugë ose pirun për të krijuar fole të vogla në tortilla ku dëshironi të vendosni secilën vezë. Foletë nuk do t'i mbajnë plotësisht vezët, por do të ndihmojnë në mbajtjen e tyre në vend.

i) Thyeni 6 deri në 8 vezë në fole, në varësi të numrit që dëshironi të përdorni. I rregullojmë vezët me kripë dhe piper të zi të sapo bluar.

j) Kthejeni tavën në furrë dhe piqni derisa të bardhat e vezëve të jenë të errëta, por jo plotësisht.

k) Hiqeni tavën nga furra dhe lëreni të pushojë në një raft për rreth 4 deri në 8 minuta. Të bardhat e vezëve duhet të jenë ngurtësuar plotësisht, por të verdhat duhet të jenë ende të lëngshme.

l) Shërbejeni tavën e mëngjesit Chilaquiles me mbushjet e zgjedhjes suaj, të tilla si qepë të prera hollë, salcë kosi, avokado të prerë në kubikë dhe salcë të nxehtë.

5. Vezë me Serrano Proshutë Tortilla Wrap

Bën: 4 porcione

PËRBËRËSIT:
- 4 tortilla misri ose gruri
- 4 vezë
- 4 lugë salcë domate të skuqura të bëra vetë
- një grusht spinaqi ose lakër lakërishte
- 8 lugë djathë Gruyere
- 8 feta proshutë Serrano
- Kripë dhe piper.

UDHËZIME:
a) Ngroheni furrën në 180°C. Në një tepsi zjarrduruese, 4 tortillat me grurë ose misër lyeni secilën prej tyre nga një lugë domate të skuqur.
b) Përhapeni spinaqin ose filizat e lakërishtes mbi domate dhe lëvozhdojeni një vezë në mes të petullës.
c) I rregullojmë me piper dhe e shpërndajmë djathin rreth vezës.
d) Piqni 10-12 minuta dhe shtoni 2 feta proshutë në secilën petull pak para se ta shërbeni.

6.Proshutë klasike me vezë

PËRBËRËSIT:
- 8 vezë
- 150 gr proshutë
- Domate qershi e prerë në feta
- Kripë dhe piper për shije
- Majdanoz i freskët

UDHËZIME:
a) Skuqni proshutën derisa të bëhet krokante. Lërini mënjanë në një pjatë.
b) Skuqni vezët në yndyrën e proshutës ashtu siç dëshironi.
c) Pritini domatet qershi në gjysmë dhe në të njëjtën kohë i skuqni.
d) Shërbejeni dhe rregulloni me kripë dhe piper.
e) Dekoroni me majdanoz.

7. Bukë me hudhër

PËRBËRËSIT:

- 1 baguetë e madhe (rreth 12 ons), jo shumë e fortë me fara
- 8 lugë gjelle (115 gram ose 4 ons) gjalpë të pakripur ose të kripur (nëse përdorni gjalpë të kripur, anashkaloni kripën shtesë më poshtë), të prerë në copa
- 4 thelpinj hudhre mesatare, te grira
- Majë me thekon spec të kuq, për shije
- 1/2 lugë çaji kripë e trashë ose kosher
- 1/2 lugë çaji rigon të tharë (opsionale)
- 1/3 deri në 1/2 filxhan parmezan të grirë hollë ose djathë pecorino të vjetëruar (opsionale)
- 1 lugë majdanoz i grirë hollë
- 1 lugë gjelle qiqra të grirë (opsionale)

UDHËZIME:

a) Ngrohni paraprakisht broilerin e furrës suaj.
b) Rreshtoni një fletë të madhe pjekjeje me fletë metalike për ta bërë pastrimin më të lehtë.
c) Pritini baguetën për së gjati dhe rregulloni copat me anën e prerë nga lart në tepsi.
d) Në një tenxhere të vogël, bashkoni gjalpin, hudhrën e grirë, thekonet e piperit të kuq dhe kripën (nëse përdorni gjalpë pa kripë). Ngroheni në nxehtësi mesatare-të lartë, duke e trazuar, derisa hudhra të vlojë në gjalpë, por jo të skuqet.
e) Nëse dëshironi, përzieni rigonin e tharë për shije të shtuar.
f) Hidhni me lugë përzierjen e gjalpit të hudhrës në mënyrë të barabartë mbi anët e prera të baguette.

g) Spërkateni bukën me parmixhan të grirë hollë ose djathë pecorino të vjetëruar, nëse e përdorni.

h) Vendoseni fletën e pjekjes me bukën e përgatitur me hudhër nën brojler. Vëzhgoni me kujdes dhe kthejeni sipas nevojës për të siguruar një ngjyrosje të njëtrajtshme.

i) Ziejini për 2 deri në 3 minuta ose derisa buka e hudhrës të marrë ngjyrë kafe të artë dhe të skuqet. Jini vigjilentë për të parandaluar tejpjekjen ose djegien.

j) Hiqeni bukën me hudhër nga furra dhe spërkateni me majdanoz të grirë hollë dhe qiqra të grirë (nëse e përdorni).

k) Prisni bukën me hudhër në segmente dhe shërbejeni menjëherë sa të jetë e ngrohtë dhe e shijshme.

l) Nëse ju ka mbetur, mund t'i mbështillni në letër dhe t'i ruani në frigorifer. Për t'i shijuar sërish, ngrohini në furrë për rezultatet më të mira.

8. Frittata me djathë dhie dhe kërpudha

PËRBËRËSIT:
FRITTATA:
- 150 g kërpudha
- 75 g spinaq të freskët
- 50 gr qiqra
- 50 g gjalpë
- 6 vezë
- 110 g djathë dhie
- Kripë dhe piper të zi të bluar

PËR TË SHËRBUAR:
- 150 g perime me gjethe jeshile
- 2 luge vaj ulliri
- Kripë dhe piper të zi të bluar

UDHËZIME:
a) Ngrohni temperaturën e furrës në 175 ° C (350 ° F).
b) Grini ose thërrmoni djathin dhe përzieni në një tas me vezët. Kripë dhe piper për shije.
c) Pritini kërpudhat në copa të vogla. Pritini qiqrat.
d) Shkrihet gjalpi në zjarr mesatar në një tigan të përshtatshëm për furrën dhe skuqni kërpudhat dhe qepët për 5-10 minuta ose derisa të marrin ngjyrë kafe të artë.
e) Shtoni spinaqin në tigan dhe skuqeni për 1-2 minuta të tjera. Piper.
f) Hedhim përzierjen e vezëve në tigan. E pjekim për 20 minuta ose derisa të skuqet dhe të forcohet në mes.
g) Shërbejeni me perime me gjethe jeshile dhe vaj ulliri.

9. Rizoto për mëngjes me proshutë, vezë dhe presh

Bën: 5 racione

PËRBËRËSIT:
- 1 filxhan (4 ons) proshutë ose pancetë të prerë në kubikë
- 1 luge vaj ulliri
- 3 lugë gjalpë pa kripë, të ndara, plus më shumë për skuqjen e vezëve
- 2 presh te medhenj ose 3 me te vegjel te grire ne çerek pergjate, te pastruara dhe te grira te vogla
- 1/2 qepë e vogël ose 1 qepe e madhe, e grirë hollë
- 2 gota arborio, carnaroli ose një oriz tjetër italian me kokërr të shkurtër
- 1/3 filxhan verë të bardhë të thatë ose vermut
- 6 deri në 8 gota lëng pule me përmbajtje të ulët natriumi ose lëng perimesh
- 1 filxhan djathë parmixhano të freskët të grirë, plus shtesë për mbarim
- Kripë dhe piper i zi i sapo bluar
- 4 deri në 6 vezë të mëdha (një për racion)
- Qiqra të freskëta të grira për zbukurim (opsionale)

UDHËZIME:
TË DY METODAT FILLON NË SBATË:
a) Vendosni proshutën ose pancetën në një tenxhere të mesme ose një tigan të thellë të skuqur (3 deri në 4 litra) dhe kthejeni nxehtësinë në mesatare në të lartë. Gatuani derisa proshuta/panceta të marrë yndyrën dhe të skuqet, rreth 5 minuta, duke e trazuar sipas nevojës për gatim të barabartë. Hiqeni me një lugë të prerë në një pjatë të

veshur me peshqir dhe lëreni mënjanë duke i lënë pikimet në tigan.

b) Ulni nxehtësinë në mesatare dhe shtoni 1 lugë gjelle vaj ulliri dhe 1 lugë gjalpë yndyrës së proshutës dhe ngroheni derisa të shkrihet.

c) Shtoni preshin dhe qepën dhe gatuajeni, duke e trazuar, derisa të zbuten dhe kryesisht të zbuten, rreth 7 deri në 10 minuta.

d) Shtoni orizin dhe gatuajeni, duke i skuqur derisa të skuqet pak, rreth 3 minuta. Shtoni verën ose vermutin dhe gatuajeni derisa pothuajse të zhduket, rreth 2 minuta.

PËR TË PËRFUNDIM NË SOPË:

e) Hidhni 1 filxhan lëng mishi në përzierjen e orizit dhe ziejini derisa të përthithet, duke e përzier shpesh. Shtoni lëngun e mbetur 1/2 filxhan në të njëjtën kohë, duke lejuar që lëngu të përthithet përpara se të shtoni më shumë dhe duke e përzier shpesh derisa orizi të jetë al dente, rreth 25 deri në 30 minuta.

f) Kur të arrini strukturën dhe butësinë e dëshiruar, përzieni 2 lugët e mbetura gjalpë dhe 1 filxhan djathë parmixhano. I rregullojmë me kripë dhe piper sipas shijes. Hidheni në tasat për servirje dhe spërkatni me proshutë të grirë ose pancete.

g) Për të përfunduar në furrë: Shtoni 6 filxhanë lëng mishi në përzierjen e orizit dhe kthejeni nxehtësinë në temperaturë të lartë që të ziejë. Pasi të ziejë, mbulojeni me kapak (ose petë, nëse nuk keni kapak) dhe vendoseni në furrë. Piqni rizoto në furrë për 20 deri në 25 minuta, ose derisa pjesa më e madhe e lëngut të përthithet, por duket paksa e holluar me ujë. Nëse përzierja duket e thatë pasi orizi të jetë gatuar, shtoni më shumë lëng mishi, 1/2 filxhan në të njëjtën kohë, duke e trazuar për t'u kombinuar.

h) Më pas, shpejt, në një tigan të vogël, ngrohni një copë gjalpë mbi mesataren e lartë dhe rrotullojeni për të mbuluar tiganin. Thyejeni një vezë në tigan, rregulloni me kripë dhe piper dhe zvogëloni nxehtësinë në mesatare. Më pëlqen ta mbuloj tiganin me një kapak të vogël në këtë pikë, pasi duket se ndihmon vezën të gatuhet më shpejt dhe në mënyrë më të barabartë. Në një minutë, ju duhet të keni një vezë të përsosur me diell. Transferoni në tasin tuaj të parë me rizoto dhe përsëriteni me vezët e mbetura.

i) Zbukuroni secilën me pak parmezan të grirë, qiqra (nëse përdorni) dhe hani menjëherë.

10. Vezë të fërguara në një filxhan

PËRBËRËSIT:

- 2 vezë
- 2 lugë krem
- Kripë dhe piper
- 1 lugë gjelle gjalpë

UDHËZIME:

a) Lyeni një filxhan ose tas të madh me gjalpë të butë.

b) Rrihni vezët dhe kremin dhe mbushni filxhanin deri në maksimum 2 të tretat, pasi vezët do të fitojnë volum kur zihen.

c) Shtoni një majë kripë dhe piper të zi të sapo bluar ose kajen.

d) Gatuani në mikrovalë me fuqi maksimale për 1-2 minuta.

e) Përziejini dhe vendosini në mikrovalë edhe një minutë.

f) Hiqeni dhe shtoni pak gjalpë.

g) Lëreni të ftohet për 1 minutë.

11. Skuqje me oriz, patëllxhanë dhe feta

Bën: 4 racione

PËRBËRËSIT:
- ⅔ filxhan ujë të vluar
- ⅓ filxhan përzierje orizi të egër
- Majë e madhe kripë
- ¾ filxhan vaj ulliri
- 1 patëllxhan, të prerë në copa të vogla
- 1 thelpi hudhër, e shtypur
- ½ filxhan kos natyral të stilit grek
- 2 ½ lugë gjelle rigon të freskët të copëtuar
- 6 domate te thara ne vaj te kulluara te grira
- 50 gr feta e prerë në kubikë
- ⅔ filxhan miell i thjeshtë
- 3 vezë, të rrahura lehtë
- Kripë dhe piper i zi i bluar

UDHËZIME:
a) Vendosni ujin, orizin dhe kripën në një tenxhere të vogël dhe lërini të vlojnë mbi nxehtësinë mesatare. Ulni nxehtësinë në mesatare-të ulët, mbulojeni me kapak të ngushtë dhe gatuajeni për 15 minuta. Transferoni orizin e gatuar në një tas mesatar.

b) Ndërkohë, ngrohni 60 ml (¼ filxhani) vaj në një tigan të madh mbi nxehtësinë mesatare. Shtoni patëllxhanin dhe gatuajeni, pa mbuluar, duke e përzier shpesh, për 20 minuta ose derisa të zbutet. Shtoni hudhrën dhe gatuajeni, duke e trazuar, për 1 minutë. E heqim nga zjarri dhe e lëmë mënjanë për 5 minuta që të ftohet pak. Transferoni përzierjen e patëllxhanëve në tasin e një përpunuesi ushqimi dhe përpunojeni në një pure të trashë.

c) Bashkoni kosin dhe 2 lugë çaji rigon në një tas të vogël. Mbulojeni dhe lëreni mënjanë.

d) Përdorni një pirun për të ndarë kokrrat e orizit. Shtoni përzierjen e patëllxhanëve, rigonin e mbetur, domatet e thara në diell, fetën, miellin, vezët, kripën dhe piperin tek orizi dhe paloseni lehtë derisa të kombinohen.

e) Ngrohni 2 lugë gjelle nga vaji i mbetur në një tigan të madh që nuk ngjit mbi nxehtësinë mesatare-të lartë. Hidhni rreth 5 lugë gjelle përzierje veçmas në tigan dhe përdorni pjesën e pasme të lugës për ta rrafshuar pak secilën. Gatuani për 2 minuta nga secila anë ose derisa të marrin ngjyrë të artë.

f) Transferoni në një pjatë të madhe dhe mbulojeni lirshëm me fletë metalike për të mbajtur ngrohtë.

g) Përsëriteni në tufa me përzierjen e mbetur të vajit dhe orizit. Shërbejeni menjëherë me kos me rigon.

12.Kifle me vezë

PËRBËRËSIT:

- 8 vezë
- 1 qepë e grirë hollë
- 150 g chorizo, sallam ose proshutë të gatuar
- 75 g djathë të grirë
- 1 lugë pesto e kuqe ose pesto jeshile
- Kripë dhe piper të zi të bluar

UDHËZIME:

a) Ngrohni temperaturën e furrës në 175 ° C (350 ° F).
b) Pritini imët qiqrat dhe mishin.
c) Rrihni vezët së bashku me erëzat dhe peston. Shtoni djathin dhe përzieni.
d) Vendoseni brumin në kallëpe për kifle dhe shtoni proshutë, sallam ose sallam.
e) E pjekim për rreth 25 minuta, në varësi të madhësisë së mykut.

13.Bukë rozmarine me patate

PËRBËRËSIT:

BIGA (PARAFERMENTI):
- 1 1/2 filxhan (7 oz.) biga (kjo recetë bën një biga 16 ons; mund ta përgjysmoni)

BRUMA KRYESORE:
- 3 gota plus 2 lugë gjelle (14 oz.) miell i pazbardhur me gluten të lartë ose miell buke
- 1 1/2 lugë çaji (.38 oz) kripë
- 1/4 lugë çaji (0,03 oz) piper i zi, i bluar trashë (opsionale)
- 1 1/4 lugë çaji (.14 oz) maja e menjëhershme
- 1 filxhan (6 oz.) patate pure
- 1 lugë gjelle (.5 oz.) vaj ulliri
- 2 lugë gjelle (.25 oz.) rozmarinë të freskët të grirë në mënyrë të trashë
- 3/4 filxhan plus 2 lugë gjelle në 1 filxhan (7 deri në 8 oz.) ujë, në temperaturën e dhomës (ose të ngrohtë nëse patatet janë të ftohta)
- 4 lugë gjelle (1 oz.) hudhër të pjekur të grirë trashë (opsionale)
- Miell bollgur ose miell misri për pluhurosje
- Vaj ulliri për larje sipër

UDHËZIME:

a) Bigën e hiqni nga frigoriferi 1 orë para se të bëni bukën.

b) Pritini atë në rreth 10 copa të vogla me një kruese pastiçerie ose thikë të dhëmbëzuar.

c) Mbulojeni me një peshqir ose mbështjellës plastik dhe lëreni të qëndrojë për 1 orë për të hequr ftohjen.

d) Përziejini së bashku miellin, kripën, piperin e zi dhe majanë në një tas përzierjeje prej 4 litrash ose në tasin e një mikser elektrik.

e) Shtoni copat e mëdha, patatet e grira, vajin e ullirit, rozmarinën dhe 3/4 filxhan plus 2 lugë gjelle ujë.

f) Përziejini me një lugë të madhe (ose përzieni me shpejtësi të ulët me shtojcën e lopatës) për 1 minutë, ose derisa përbërësit të formojnë një top.

g) Shtoni më shumë ujë nëse është e nevojshme, ose më shumë miell nëse brumi është shumë ngjitës.

h) Spërkateni me miell në banak, brumin e transferoni në banak dhe filloni të gatuani (ose përzieni me shpejtësi mesatare me grepin e brumit).

i) Ziejini për afërsisht 10 minuta (ose 6 minuta me makinë), duke shtuar më shumë miell nëse është e nevojshme.

j) Brumi duhet të jetë i butë dhe i zhdërvjellët, ngjitës por jo ngjitës. Duhet të kalojë testin e xhamit të dritares dhe të regjistrohet 77° deri në 81°F.

k) Rrafshojmë brumin dhe sipër e shtrojmë hudhrën e pjekur.

l) Mblidhni brumin në një top dhe gatuajeni me dorë për 1 minutë.

m) Lyejeni pak me vaj një tas të madh dhe e transferoni brumin në tas, duke e rrotulluar përreth për ta lyer me vaj.

n) Mbulojeni enën me mbështjellës plastik.

o) Fermojeni në temperaturën e dhomës për afërsisht 2 orë, ose derisa brumi të dyfishohet në masë.

p) Hiqeni brumin nga tasi dhe ndajeni në 2 pjesë të barabarta për bukët, ose 18 pjesë të barabarta (rreth 2 oz. secila) për rolet e darkës.

q) Formoni secilën prej pjesëve më të mëdha në një boule ose formoni pjesët më të vogla në role.

r) Rreshtoni një tepsi me pergamenë për pjekje (përdorni 2 tepsi për role) dhe spërkateni lehtë me miell bollguri ose miell misri.

s) Vendoseni brumin në pergamenë, duke i ndarë copat në mënyrë që të mos preken, edhe pasi të jenë ngritur.

t) Lyejeni brumin me vaj sprej dhe mbulojeni lirshëm me mbështjellës plastik.

u) Provoni në temperaturën e dhomës për 1 deri në 2 orë, në varësi të madhësisë së copave, ose derisa brumi të dyfishohet në madhësi.

v) Ngroheni furrën në 400 gradë F me raftin e furrës në raftin e mesëm.

w) Hiqni plastikën nga brumi dhe lyejeni bukën ose rrotullat me furçë të lehtë me vaj ulliri (pikimi është opsional).

x) Vendoseni tavën(t) në furrë. Piqni bukët për 20 minuta, më pas rrotullojeni tavën 180° për pjekje të njëtrajtshme.

y) Bukët do të duhen gjithsej 35 deri në 45 minuta për t'u pjekur.

z) Piqni rrotullat për 10 minuta, rrotulloni tavat dhe më pas piqini për 10 minuta më gjatë.

aa) Bukët dhe rrotullat duhet të kenë një ngjyrë kafe të artë rreth e qark dhe temperatura e brendshme duhet të jetë të paktën 195°F.

bb) Bukët duhet të bëjnë një tingull të zbrazët kur goditen në fund.

cc)Hiqini bukët ose rrotullat e përfunduara nga furra dhe ftohini në një raft për të paktën 1 orë për bukët dhe 20 minuta për roletë përpara se t'i shërbeni.

SNACKS DHE MEZHET

14. Dolli me gratin me Angjinarja

PËRBËRËSIT:

- 2 filxhanë zemrat e angjinares të gatuara, të kulluara dhe të grira
- 1 patate ari Yukon, e qëruar dhe e prerë në kubikë shumë të vogla
- 1/4 filxhan krem të rëndë, plus deri në 2 lugë gjelle më shumë për shije
- 1 thelpi i vogël hudhër, i grirë
- Kripë Kosher dhe piper i zi i sapo bluar
- Disa grila lëkure limoni
- Lëng i gjysmë limoni
- 1 filxhan (2 1/2 ons) djathë Asiago i pjekur imët
- 6 feta nga buka juaj e preferuar e përzemërt
- Majdanoz i freskët për zbukurim

UDHËZIME:

a) Gatuani zemrat e ngrira të angjinares në sobë në ujë të zier derisa të jenë të forta. Kjo duhet të zgjasë afërsisht 4 deri në 5 minuta (rregullojeni sipas nevojës bazuar në markën që përdorni).

b) Kullojini angjinaret e gatuara në një kullesë dhe më pas shpërndajini në shtresa letre për të hequr ujin e tepërt. Shtypni butësisht për t'u siguruar që ato të jenë sa më të thata.

c) Vendosni patatet e prera në kubikë në një tenxhere, duke i mbuluar me një centimetër ujë të ftohtë dhe duke shtuar disa majë kripë.

d) Vendosni një kohëmatës për 8 minuta, lëreni ujin të ziejë dhe gatuajini patatet derisa të zbuten, por të mos copëtohen. Kjo zakonisht zgjat rreth 8 minuta, por kontrolloni strukturën.

e) Kulloni patatet, fshijeni tenxheren dhe kthejeni në sobë.
f) Në tenxheren e pastruar bashkojmë kremin e trashë, hudhrën e grirë, lëkurën e limonit, kripën dhe piperin. Lëreni përzierjen të ziejë dhe gatuajeni për një minutë, duke e trazuar.
g) Shtoni patatet e kulluara në masën e kremit dhe gatuajini së bashku për 1 deri në 2 minuta. Kjo lejon që shijet të përzihen.
h) Pritini angjinaret e kulluara dhe të thara në copa të madhësisë së një kafshimi (rreth 1/2 inç).
i) Vendosni angjinaret e copëtuara në një tas të madh dhe i rregulloni me kripë dhe lëng limoni për shije.
j) Shtoni përzierjen e patateve me kremin dhe 3/4 e filxhanit djathë të grirë në tasin me angjinaret.
k) Përziejini përbërësit që të bashkohen. Shijoni për erëza dhe rregullojeni me kripë dhe piper sipas nevojës.
l) Nëse përzierja duket pak e thatë, shtoni deri në 2 lugë gjelle krem të trashë.
m) Ngroheni broilerin në furrën tuaj ose vendoseni vetë furrën në 450°F.
n) Rregulloni fetat e bukës në një tabaka të veshur me fletë metalike për pastrim të lehtë.
o) Mbushni përzierjen e angjinares-patates në mënyrë të barabartë mbi fetat e bukës.
p) Sipër spërkatni djathin e rezervuar.
q) I pjekim ose i ziejmë derisa tostat të marrin ngjyrë kafe dhe djathi të shkrihet. Kjo mund të zgjasë rreth 5 minuta nën një broiler ose 10 deri në 15 minuta në një furrë më pak intensive.

r) Pasi tostat të kenë marrë ngjyrë të artë dhe të shkrihen, i hiqni nga furra.
s) Dekoroni me majdanoz të freskët.
t) Shërbejini dollitë me gratin me Angjinarja ndërsa janë të nxehta dhe shijojini.

15.Rolls kungull i njomë me pate perimesh

Bën: 2

PËRBËRËSIT
- 2 kunguj të vegjël
- 4,4 ons krem djathi
- 1 thelpi hudhër
- 3 lugë arra të bluara
- vaj ulliri
- ½ lugë çaji piper i zi
- Kripë
- kopër

UDHËZIME:
a) Pritini kungull i njomë në kubikë dhe ziejini në ujë me kripë.
b) I vendosim në një blender dhe i përziejmë në një pure.
c) Shtoni krem djathin, hudhrat e shtypura dhe arrat e bluara.
d) E trazojmë pak paten dhe e rregullojmë me vaj ulliri, piper të zi dhe kripë.
e) Pateja vegjetariane me kungulleshka dhe krem djathi është gati.

16. Dolli me sardelet

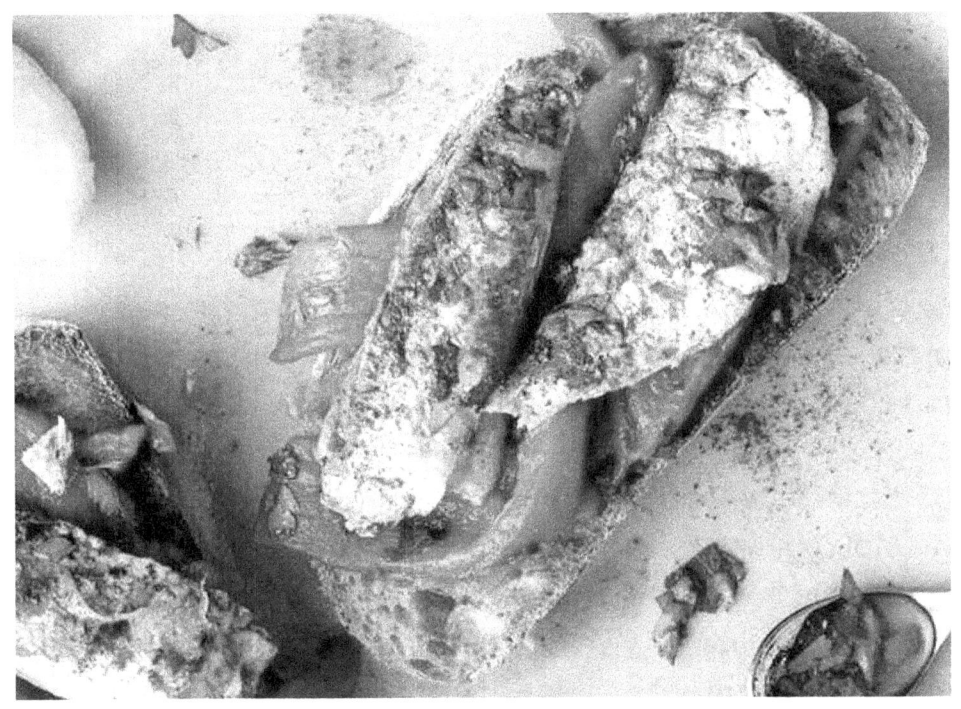

Bën: 1

PËRBËRËSIT
- 1 fetë bukë skoceze e thjeshtë ose e ngjashme
- 1 lugë çaji gjalpë
- 4,3 ons sardele në vaj

UDHËZIME
a) Kullojmë vajin nga tepsi, nxjerrim dy ose tre sardele të plota dhe i vendosim nga njëra anë. Të gjithë pjesën tjetër e vendosim në një enë dhe i bëjmë pure. Sezoni sipas shijes.
b) Skuqeni lehtë një fetë bukë dhe gjalpë bujarisht.
c) Mblidhni sardelet e grira mbi tost. Sigurohuni që ta merrni peshkun drejt në skajet. Hidhni sipër dy ose tre sardelet e plota dhe vendosini nën skarë (broiler) në zjarr mesatar-të lartë derisa peshku të flluskojë dhe të fillojë të skuqet në skajet, rreth 3-5 minuta.
d) Pritini bukën e thekur në gjysmë dhe shërbejeni. Mund ta hani me pirun dhe thikë, por nëse e lini për disa minuta, mund ta merrni me gishta, gjë që është shumë më e kënaqshme!

17. Kungull i njomë i mbushur me djathë me pak kalori

PËRBËRËSIT

- 3 kunguj të mesëm
- 200 g djathë
- 80 ml krem
- 12 ullinj të zinj
- 3 degë majdanoz
- 3 lugë vaj ulliri
- Kripë
- Piper i zi dhe i bardhë

UDHËZIME:

a) Pjekim kungulleshkat. Fillimisht, ngrohni furrën në 220 o. Ndërkohë lani dhe vendosini kungulleshkat në një enë zjarrduruese. I spërkasim, i spërkasim me vaj dhe i fërkojmë për rreth 10 ose 12 minuta apo më shumë.

b) Bëni mbushjen. Kaloni kremin dhe djathin me pak kripë dhe piper në blender derisa të përftoni një krem homogjen.

c) Shtoni ullinjtë e zinj në copa të vogla dhe pak majdanoz të grirë dhe përzieni të gjithë derisa gjithçka të përzihet mirë.

d) Mbushni dhe shërbejeni. Pritini kungull i njomë në 3 pjesë. Me ndihmën e një luge heqim pak tul nga brenda, e përziejmë me kremin e djathit dhe me brumin e përftuar mbushim vrimat e kungujve.

e) E zbukurojmë me pak piper të bluar dhe disa gjethe majdanoz.

18. Qofte patëllxhani me salcë domate

Bën: 16 qofte

PËRBËRËSIT
PER KOFTET
- 2 patëllxhanë të mesme
- ½ filxhan bukë të imët
- ¼ filxhan arra pishe
- ½ parmixhan i grirë imët
- 1 vezë mesatare
- ½ lugë çaji thekon piper të kuq thekon djegës
- ½ lugë çaji fara kopër
- 1 lugë çaji rigon të tharë
- 1 lugë çaji kripë deti të imët
- 3-4 lugë vaj ulliri

PËR salcë
- 2 thelpinj hudhre
- 2 gota pasata
- 1 gotë ujë
- 1 grusht të vogël borzilok të freskët
- ½ lugë vaj ulliri
- Kripë dhe piper

UDHËZIME
a) Ngrohni furrën në 400F.

b) Prisni çdo skaj të patëllxhanëve dhe prisni lëkurën me një thikë të mprehtë. Pritini patëllxhanin në kubikë me madhësi 1 inç dhe vendoseni në mënyrë të barabartë në një tepsi.

c) Hidhni mbi 2-3 lugë vaj ulliri dhe hidhni patëllxhanin që të lyhet me vaj.

d) E pjekim për 15-20 minuta derisa të ketë marrë një ngjyrë të artë pak dhe të gatuhet. E heqim nga furra dhe e leme te ftohet per 5-10 minuta.

e) Pasi të jetë ftohur pak, shtoni atë në një procesor ushqimi me arrat e pishës, parmixhanin, thërrimet e bukës, vezën, farat e koprës, thekonet e piperit të kuq, rigonin dhe kripën.

f) Blitz çdo gjë deri sa të qetë, por ende ka një cilësi.

g) Lyejeni një tepsi me vaj ulliri dhe më pas rrotulloni përzierjen e patëllxhanëve në topa 1,5 inç.

h) Lagni duart me ujë të ftohtë nëse përzierja bëhet ngjitëse.

i) Vendosni qoftet në tepsi dhe lyejini lehtë me më shumë vaj ulliri. Piqeni në furrë për 20-25 minuta derisa sipër të marrin një ngjyrë të artë.

BËNI salcën

j) Ndërsa qoftet po piqen, bëni salcën. Prisni imët hudhrën dhe shtoni në një tigan të madh ose tigan me ½ lugë gjelle vaj ulliri.

k) Pasi të ketë aromë shtoni pasatën/purenë e domates dhe ujin me pak kripë dhe piper.

l) Ziejeni salcën për 10 minuta derisa të trashet pak dhe më pas përzieni me një grusht të vogël borzilok të freskët.

m) Shërbejini qoftet duke i mbushur me pak salcë domatesh me polentë, makarona ose perime të pjekura në skarë.

19. Skewers Monkfish dhe Domate Qershi

Bën: 2 persona

PËRBËRËSIT
- 1 kile bishta peshku murg pa lëkurë, me fileto
- 12 domate qershi
- 12 kërpudha butona
- 2 luge vaj ulliri
- 1 lugë çaji piper limoni ose erëza të tjera peshku

UDHËZIME
a) Thithni helltarët e drurit në ujë për rreth 20 minuta. Kjo do të parandalojë djegien e helleve në furrë.
b) Ngrohni furrën në 200°C/400°F
c) Shpëlajini bishtat e peshkut të murgut nën ujë të ftohtë dhe thajini në një peshqir kuzhine letre.
d) Pritini bishtat në copa afërsisht $1\frac{1}{2}$". Kjo duhet të bëjë afërsisht 30 copa.
e) Hidhni 5 copa bisht peshku murgu në një hell, duke alternuar me 2 domate qershi dhe 2 kërpudha butona.
f) Hidhni 2 lugë vaj ulliri në një tepsi dhe më pas vendosni helltarët në tepsi. Rrotulloni hellet në vaj ulliri ndërsa i rregulloni në mënyrë që të lyhen lehtë me vaj nga të gjitha anët.
g) Tavën e pjekjes e mbulojmë me letër alumini më pas e vendosim në furrë të nxehtë dhe e pjekim për 8 minuta.
h) E heqim tepsinë nga furra, e hedhim letrën e aluminit, i kthejmë qebapët dhe i kthejmë në furrë për afërsisht 5 minuta derisa domatet dhe qepët të zbuten dhe peshku të piqet.
i) Hiqeni nga furra dhe shërbejeni menjëherë me perime dhe patate dhe një copë limon.

20. Kutitë me patëllxhanë

PËRBËRËSIT:
- 1 patëllxhan i madh
- ¼ lugë çaji kripë kosher, plus më shumë
- ⅓ filxhan miell për të gjitha përdorimet
- 2 vezë të mëdha
- 1 ons parmezan
- 1 filxhan panko
- 1 lugë çaji piper i zi i sapo bluar
- ½ lugë çaji rigon të tharë
- ½ lugë çaji pluhur hudhër
- ½ lugë çaji paprika e nxehtë
- ½ lugë çaji pluhur qepë
- ⅓ filxhan vaj kanola
- ⅓ filxhan vaj ulliri ekstra të virgjër

UDHËZIME

a) Prisni pjesën e sipërme të patëllxhanit. Përdorni një qërues për të hequr lëkurën. Pritini patëllxhanin për së gjati në feta ½ inç të trasha. Spërkatni të dyja anët e çdo fete patëllxhani me kripë. Rreshtoni një tavë me fletë të mbyllur me letër ose peshqir kuzhine.

b) Renditni fetat e patëllxhanit në një shtresë të vetme. Hidhni sipër një shtresë tjetër kuzhine ose peshqirë letre. Vendosni një tavë tjetër me fletë sipër. Lërini fetat e patëllxhanëve të varen (aka, kulloni ujin e tepërt) për 30 deri në 60 minuta; ora e plotë është e preferueshme, por jo e nevojshme nëse jeni të shtypur për kohën.

c) Ndërkohë përgatisni stacionin e gërmimit: Vendoseni miellin në një tas të cekët ose në një pjatë me buzë; sezonin me një majë kripë. Në një tas të cekët, rregulloni vezët me pak kripë dhe rrihni me një pirun derisa të jenë të lëmuara. Në një përpunues ushqimi, përpunoni parmixhanin derisa të formohet një vakt i mirë.

d) Shtoni pankon, piperin e zi, rigonin, hudhrën pluhur, paprikën, pluhurin e qepës dhe $\frac{1}{4}$ lugë çaji kripë në procesorin e ushqimit, më pas pulsoni derisa të kombinohen. Shijoni dhe rregulloni erëzat.

e) Në një tigan të madh prej gize, kombinoni vajrat dhe ngrohni mbi nxehtësinë mesatare-të lartë.

f) Ndërsa vaji po nxehet, bukoni fetat e patëllxhanit: Thajeni secilën me një letër ose peshqir kuzhine. Lyejeni miellin nga të dyja anët, më pas vezën dhe më pas pankon e kalitur. Transferoni në një pjatë të veçantë.

g) Për të provuar nëse vaji është mjaftueshëm i nxehtë, shtoni një thërrime panko në tigan. Ajo duhet të ziejë menjëherë - të mos zhytet deri në fund, të mos digjet. Kur të jetë mjaftueshëm nxehtë, shtoni disa feta patëllxhani të pjekura me bukë (mos i mbipopulloni ose nuk do të skuqen siç duhet). Gatuani për 2 deri në 3 minuta nga çdo anë, derisa të marrë një ngjyrë kafe të thellë.

h) Transferoni patëllxhanin e sapo skuqur në një pjatë të veshur me peshqir letre për të thithur yndyrën shtesë, më pas transferojeni në një raft teli për të qëndruar krokante.

i) Në të njëjtën mënyrë skuqni edhe fetat e mbetura të patëllxhanit. Këto shërbehen më mirë të nxehta.

21. Pumpernikeli me marule, djathë Harz dhe mollë

Bën: 4 porcione

PËRBËRËSIT:
- 2 mollë të mëdha të tharta
- 1 luge vaj
- 1 qepë e kuqe
- 1 tufë qiqra
- 6 lugë gjelle uthull molle
- 1 lugë çaji mustardë
- 2 luge sheqer
- 4 lugë vaj rapese
- Kripë
- Piper
- 100 g marule
- 50 g sallatë Frisee
- 8 feta djathë Harzer
- 8 feta të mëdha pompernikel

UDHËZIME:
a) Lani mollët, thajini. Pritini strehën e bërthamës me një prerëse biskotash me bërthamën e mollës. Pritini mollët në 8 feta secila.

b) Ngrohni 1 lugë vaj në një tigan. Skuqini unazat e mollës në 2 pjesë nga secila anë për rreth 1 minutë. I kullojmë në letër kuzhine.

c) Qëroni qepën dhe priteni në kubikë të imët. Lani qiqrat, shkundni të thahen dhe, përveç disa kërcellave për zbukurim, pritini në role të imta.

d) Përzieni uthullën, mustardën dhe sheqerin. Hidhni vajin në një rrjedhë të hollë. Spërkateni me kripë duke përfshirë piper dhe përzieni kubin e qepës dhe qiqrat.

e) Pastroni marulen, lani dhe thajeni. Mundësisht. prerë më të vogël.
f) Përgjysmoni fetat e djathit horizontalisht.
g) Mbuloni një fetë pompernikel me pak sallatë, 2 feta mollë dhe 2 gjysmë feta djathi. Lyejeni pak veshje.
h) Mbuloni fetat e mbetura të pompernikelit dhe zbukurojeni me qiqra.
i) Përzieni sallatën e mbetur dhe dressing-un. Shërbejeni në një tas dhe shërbejeni me bukën Harzer.

22. Avokado e mbushur me Tinga pule

Bën: 2 porcione

PËRBËRËSIT:
- 4 domate
- ¼ qepë të bardha
- 2 thelpinj hudhre
- 1 chipotle chili, e thatë
- 1 majë kripë
- 1 majë piper
- 1 luge vaj ulliri
- ½ qepë të bardha, të filetuara
- ½ gjoks pule, i grirë
- 1 gjethe avokado
- 2 avokado
- 3 gjethe cilantro të freskët
- ¼ qepë, feta
- 1 serrano chili, i prerë në feta

UDHËZIME:
a) Ngroheni në furrë në 180°C.
b) Përzieni domatet me qepën e bardhë, hudhrën dhe specin çipotle. Sezoni dhe Rezervoni
c) Nxehni një tigan në zjarr mesatar me vaj ulliri, skuqni qepën me gjoksin e pulës, shtoni përgatitjen e blenderit me një gjethe avokado dhe ziejini për 20 minuta ose derisa të pakësohet lëngu.
d) Mbushni avokadon me tingën dhe piqini për 10 minuta.
e) Lani avokadon me disa gjethe koriandër, rripa qepë vjollcë dhe feta piper serrano.

23. Rostiçeri me broshet frutash

Bën: 2 porcione

PËRBËRËSIT:
- 1 filxhan shalqi të prerë në kubikë ose zemra
- 1 filxhan kokos të prerë në kubikë ose zemra
- 1 filxhan kivi i prerë në kubikë ose zemra
- $\frac{1}{4}$ filxhan boronica

UDHËZIME:
a) Në një shkop hell fusni frutat, fusni shalqinin, më pas kokosin, më pas kivin dhe midis çdo fruti futni një boronica.

b) Lërini frutat në frigorifer dhe merrni ushqimin tuaj kudo. Kënaquni

24. Kupa me ton dhe shalqi

Bën 4

PËRBËRËSIT:
- 1 kile ton me ngjyrë sushi, të prerë në kubikë
- 1 ½ filxhan shalqi të prerë në kubikë
- 1 ½ filxhan shalqi të verdhë ose pjepër të prerë në kubikë
- ½ filxhan salcë ponzu
- 6 lugë uthull orizi
- ¼ filxhan vaj susami të thekur
- 2 lugë gjelle mirin
- 2 lugë tahini
- 4 lugë çaji xhenxhefil të freskët të grirë
- 4 lugë çaji salcë aziatike kili-hudhër

PËR TË SHËRBUAR
- Oriz i gatuar sushi
- Edamame i gatuar, i prerë
- Salcë majoneze Sriracha
- Avokado e prerë në feta
- cilantro e freskët
- Qepë të prera hollë
- Farat e thekura të susamit

UDHËZIME
a) Vendosni kubet e tonit në një tas mesatar.
b) Vendosni kubet e shalqirit në një tas të mesëm të veçantë.
c) Përpunoni salcën ponzu, uthullën, vajin e susamit, mirin, tahinin, xhenxhefilin dhe salcën e hudhrës kili në një blender derisa të jenë të lëmuara, për 2 deri në 3 minuta.

d) Hidhni gjysmën e përzierjes së ponzu mbi tonin në një tas; përzierjen e mbetur e derdhni mbi shalqi në një tas të veçantë. kupat e mbulimit; marinojini në frigorifer me shijen e dëshiruar, 1 deri në 2 orë.

e) Për t'i shërbyer, mblidhni tonin dhe shalqinin me opsionet e dëshiruara të servirjes në tasat e servirjes.

25. Tost me avokado dhe luleshtrydhe

PËRBËRËSIT
- luleshtrydhe të prera në feta
- uthull balsamike, për spërkatje
- avokado e pjekur
- lëng limoni të freskët
- kripë deti
- bukë e thekur
- borzilok i freskët
- farat e kërpit, opsionale për proteina të shtuara

UDHËZIME
a) Vendosni luleshtrydhet në një tas të vogël dhe hidhini me pak uthull balsamike. Lëreni të ulet për 5 minuta.

b) Pritini avokadon në gjysmë, më pas ndani në kube. Shtoni një shtrydhje limoni dhe pak kripë menjëherë në avokado. Hiqeni atë dhe përdorni pjesën e pasme të një piruni për ta shtypur mbi bukë të thekur.

c) Sipër dolli me luleshtrydhe, borzilok, një spërkatje me fara kërpi, nëse përdorni, dhe më shumë kripë deti për shije.

26. Patëllxhan dhe humus Timbale

PËRBËRËSIT:
- 3 patëllxhanë
- 300 gr qiqra të ziera
- 1 thelpi hudhër
- 1 lëng limoni
- 1 lugë gjelle tahini
- 8-12 domate qershi
- 2 lugë vaj ulliri ekstra të virgjër
- 1 lugë çaji qimnon i bluar
- Një ½ filxhan gjethe majdanozi
- Piper
- Kripë

UDHËZIME:
a) Piqni patëllxhanët, pastroni patëllxhanët dhe më pas pritini në feta rreth ½ centimetra. Më pas, lyeni një tepsi me vaj dhe vendosni fetat e patëllxhanit në të, i spërkatni dhe i pjekim në 180 ° C për rreth 15-20 minuta ose më shumë.

b) Bëni humus. Për ta bërë këtë, lani qiqrat dhe shtypini me hudhrën e qëruar, lëngun e limonit, tahinin dhe qimnonin. Më pas, kriposeni dhe përzieni derisa të bëhet brumë me një strukturë të imët. Më pas, nëse është e nevojshme, shtoni pak ujë.

c) Përgatitni shoqërimin. Nga ana e parë, zbardhni majdanozin, vendoseni në frigorifer dhe shtypni me vaj. Dhe pastaj, nga ana tjetër, skuqni domatet dhe rezervoni.

d) Mblidhni pjatën, fetat sanduiç të patëllxhanëve me shtresa humus për të formuar një timbal të tipit milfoil. Dhe shoqërohet me domatet e arta, sipër dhe pjatën me pak vaj majdanozi dhe më pas përdorni disa gjethe majdanoz të plotë.

27. Salcice Kërpudha të mbushura

Bën: 1

PËRBËRËSIT:
- 2 salsiçe
- 1 thelpi hudhër
- 2 lugë krem djathi
- 1 lugë gjelle fara liri të bluar
- ½ qepë

UDHËZIME:
a) Hiqni zorrët dhe skuqni salsiçen me hudhrën e shtypur. Le menjane.
b) Më pas hiqni kërcellet e kërpudhave dhe grijini ato të vogla.
c) Perziejme bishtat e kampionit te grire holle me krem djathin dhe me pas shtojme mishin e sallamit te ftohur.
d) Në fund shtoni farat e bluara të lirit dhe mbushni kërpudhat me masën.
e) Vendosim kërpudhat në një tavë të madhe dhe i pjekim në 160°C për 25 minuta.

28. Avokado e mbushur me Amarant

PËRBËRËSIT:
- 2 gota amaranth
- 3 copë avokado
- 1 filxhan domate të grira në kubikë të vegjël
- 1 lugë gjelle vaj ulliri
- $\frac{1}{4}$ filxhan cilantro, e grirë hollë
- Kripë dhe piper

UDHËZIME:
a) Në një tas, përzieni amarantin, domaten dhe cilantron. Sezoni sipas shijes.

b) Pritini avokadon në gjysmë dhe më pas hiqni gurin dhe mbushni me përzierjen e amarantit.

c) Hidhni pak vaj ulliri mbi avokadon e mbushur.

d) Shërbejeni të ftohtë.

SANDWICHË DHE MËSHTIM

29. Sanduiç proteinash me ton

Bën: 2

PËRBËRËSIT
- 4 ons ton i konservuar
- $\frac{1}{2}$ avokado me madhësi mesatare
- $\frac{1}{4}$ filxhan kos të thjeshtë grek
- $\frac{1}{2}$ filxhan kastravec anglez, i prerë në kubikë
- $\frac{1}{4}$ filxhan ullinj jeshil, të copëtuar
- $\frac{1}{4}$ filxhan kopër të freskët, të copëtuar
- $\frac{1}{2}$ limoni, me lëng
- 1 lugë çaji hudhër pluhur
- Kripë + piper për shije

UDHËZIME
a) Pritini kastravecin në kubikë dhe copëtoni ullinjtë dhe koprën. Le menjane.
b) Grini avokadon në një tas të madh. Më pas, shtoni të gjithë përbërësit e tjerë në tas.
c) Përziejini gjithçka së bashku derisa të kombinohen mirë, duke rregulluar stinët sipas shijes.
d) Hidhni sallatën me ton në mbështjellje marule, ose shtoni në sanduiçe, tost, pita ose sallata. Mbetjet mund të ruhen të mbuluara në frigorifer për disa ditë.

30. Spring Rolls me salcë tajlandeze mangoje

Bën: 8 racione

PËRBËRËSIT
Salcë zhytjeje me mango TAJLE:
- 1 mango e pjekur, e prerë në kubikë
- 1 (1 inç) copë xhenxhefil të freskët, të grirë
- 2 lugë salcë e ëmbël tajlandeze djegës
- 2 lugë gjelle uthull orizi
- 1 lime, me lëng
- ½ filxhan borzilok të freskët tajlandez dhe/ose cilantro, të copëtuara

ROLLA PRANVERORE VEGGIE:
- 1 avokado e madhe, e qëruar, e prerë dhe e prerë në feta hollë
- 2 gota perime të freskëta
- Kripë dhe piper për shije
- ½ filxhan gjethe cilantro
- ½ filxhan gjethe nenexhiku të freskët
- 8 mbështjellës letre orizi
- 1 lugë çaji Kikirikë të grirë, për sipër

UDHËZIME
a) Në një blender, kombinoni të gjithë përbërësit e salcës, përveç borzilokut dhe cilantros. Përziejini derisa të jenë homogjene, shtoni borzilokun dhe cilantron dhe pulsoni derisa të copëtohen. Hidheni në një tas, mbulojeni dhe vendoseni në frigorifer derisa ta servirni.

b) Shtrydhni pak lëng lime mbi avokadon e prerë në feta. Krijoni një linjë montimi të perimeve dhe barishteve, në mënyrë që të jenë të gjitha gati për t'u nisur.

c) Mbushni një pjatë të cekët me ujë të ngrohtë. Shtoni një fletë letre orizi, një nga një për 5 deri në 10 sekonda. Hiqeni dhe vendoseni në një sipërfaqe të sheshtë.

d) Në një skaj të mbështjellësit të orizit, filloni shtresimin me 1 deri në 2 feta avokado, grushta të vogla cilantro dhe nenexhik të freskët dhe një grusht perimesh.

e) I spërkasim perimet me kripë dhe piper. Palosni të dy skajet në qendër dhe rrotulloni fletën sa më fort që të mundeni pa e grisur.

f) Vendosni çdo rrotull të përgatitur në një pjatë servirjeje dhe mbulojeni me letër alumini që të mos thahen roletë e pulës.

g) Vazhdoni me përbërësit e mbetur, duke i shtuar në pjatë ndërsa punoni. Mbani rrotullat e pranverës të mbuluara me fletë metalike gjatë gjithë kohës.

h) Shërbejini Spring rolls me salcën e mangos dhe kikirikë të grirë (nëse dëshironi).

31. Mbështjellës me avokado të Turqisë

Bën: 2 porcione

PËRBËRËSIT:
- 4 feta proshutë të papjekura; i prerë në kubikë
- ½ filxhan avokado të copëtuar
- ½ filxhan domate të copëtuara; farat e hedhura
- ½ filxhan qepë të kuqe të grirë imët
- 2 lugë borzilok të freskët të grirë
- 1 lugë çaji lëng limoni i freskët
- Kripë Kosher
- Piper
- ¼ paund gjeldeti i tymosur i prerë hollë
- 1 filxhan rukola e paketuar fort e copëtuar
- 2 tortilla me miell

UDHËZIME:
a) Nxehni një tigan të madh që nuk ngjit mbi nxehtësinë mesatare. Shtoni proshutën dhe gatuajeni derisa të bëhet krokante dhe kafe, rreth 5 minuta, duke e përzier herë pas here. Duke përdorur një lugë të prerë, transferojeni proshutën në një pjatë të veshur me peshqir letre.

b) Kombinoni avokadon, domatet, qepën, borzilokun, lëngun e limonit dhe proshutën në një tas të vogël.

c) Sezoni me kripë dhe piper për shije.

d) Ngrohni tortillat në një tigan të madh që nuk ngjit mbi nxehtësinë mesatare në të lartë, rreth 15 sekonda nga secila anë. Tortillat gjithashtu mund të piqen në mikrovalë të lartë për 10 ose 15 sekonda, ose të mbështillen me letër alumini dhe të ngrohen në furrë në 350 gradë për 3 deri në 5 minuta.

e) Ndani përzierjen e avokados në mënyrë të barabartë midis tortilave dhe shpërndajeni mbi secilën, duke lënë të paktën një kufi 1 inç rreth buzës. Ndani gjelin e detit dhe rukolën midis tortillave dhe vendosni sipër përzierjes së avokados në një drejtkëndësh 2 me 5 inç në gjysmën e poshtme të secilës tortilla.

f) Palosni skajet e djathta dhe të majta të tortiljes mbi mbushje, drejt qendrës. Palosni skajin e poshtëm të tortiljes drejt qendrës dhe rrotullojeni butësisht derisa tortilla të mbështillet plotësisht rreth mbushjes.

32. Kërpudha vegjetariane mbështjell me pesto

Bën: 1 mbështjellje

PËRBËRËSIT
- 1 mbështjellje tortilla
- 1 kërpudha portobello e madhe, ose 1.5 më të vogla
- 1 lugë çaji uthull balsamike
- vaj ulliri, për gatim
- 1 lugë majonezë
- 1 lugë pesto
- 2 thelpinj hudhre, te grira
- 1 grusht spinaq bebe
- 3 domate qershi të prera në katër pjesë
- 2 lugë gjelle feta, e grirë
- $\frac{1}{4}$ avokado, e prerë në feta ose në kubikë
- 4-6 feta të holla qepë të kuqe

UDHËZIME
a) Përgatisni kërpudhat. Hidhni mbi to uthull balsamike, shtoni hudhrën dhe përziejini që të bashkohen.
b) Lëreni mënjanë ndërsa përgatitni pjesën tjetër të mbështjelljes.
c) Përhapeni majonezën dhe peston mbi mbështjellës.
d) Tani gatuaj kërpudhat tuaja. Ngrohni pak vaj në një tigan dhe skuqeni nga secila anë derisa të skuqet mirë dhe të zvogëlohet, duke e shtypur me spatul herë pas here që të lëshojë lëng.
e) Pasi të jetë gati, shtoni direkt në pjesën e sipërme të mbështjelljes.
f) Rrotulloni tortillan, duke e mbyllur në skajet dhe e prisni në gjysmë. Shërbejeni.

33. Avokado dhe Djathë Emmental dhe Quesadillas

Bën: 4 porcione

PËRBËRËSIT
- 8 quesadilla misri
- 2 avokado, të prera në feta
- 80 g tacos ose feta proshutë
- 120 gr djathë Emmental i grirë

UDHËZIME
a) Vendosni 1 tortilla misri në 4 pjata të ndryshme. Mbi secilin vendosni avokadon, proshutën dhe djathin.
b) Mbulojeni dhe piqeni për 2-3 minuta në temperaturë të butë.
c) Hiqeni nga furra dhe lëreni të pushojë për 2-3 minuta pa e zbuluar.
d) Vendoseni në një tepsi, priteni në pjesë dhe shijojeni.

34. Burritos e lakrës

PËRBËRËSIT:
- 1 lakër jeshile ose kineze (12 gjethe)
- 300 g mish viçi të bluar
- 1 thelpi hudhër
- 400 ml domate të prera në kubikë
- 1 lugë gjelle pure domate
- 1 lugë gjelle barishte taco
- 1 kanaçe e vogël misri
- 2 duar djathë të grirë
- 100 gr fasule

UDHËZIME:
a) Prisni qepën dhe më pas hudhrën dhe skuqni në një tigan.
b) Shtoni mishin e grirë dhe më pas barishtet taco. Piqni këtë lirshëm.
c) Hidhni purenë e domates dhe kubikët dhe më pas misrin dhe fasulet e kulluara. Lëreni këtë mbushje burrito të ziejë për disa minuta.
d) Ndërkohë zieni ujin.
e) Ngroheni furrën në 180 gradë. Pritini gjethet e lakrës dhe ziejini (për 2 ose 3) për një minutë ose 2 në tigan dhe më pas i kulloni mirë.
f) Vendosni 2 gjethe lakre pranë njëra-tjetrës në mënyrë që të mbivendosen pak.
g) Hidhni me lugë pak nga mbushja me burrito nga njëra anë, spërkateni me pak djathë dhe më pas rrotullojeni me kujdes. Mos e shtyni shumë.
h) Përsëriteni këtë me pjesën tjetër të gjetheve të lakrës dhe mbushjes. Nëse janë të gjitha në enën e pjekjes, spërkatini me pak djathë shtesë.

i) Më pas vendoseni enën e pjekjes brenda në furrë për rreth 15 minuta.
j) Shërbejini karbohidratet me pak oriz.

35. Burger vegjetal

Bën: 8

PËRBËRËSIT

- 2 lugë vaj ulliri ekstra të virgjër, më shumë për spërkatje
- 2 qepe, të copëtuara (⅔ filxhan)
- 16 ons kërpudha, përzierje shiitake + portobello, me rrjedh dhe të prera në kubikë
- 2 lugë gjelle tamari
- 2 luge uthull balsamike
- 1 lugë gjelle mirin, ose ½ lugë çaji shurup panje
- 2 thelpinj hudhre, te grira
- ½ lugë çaji paprika e tymosur
- 2 lugë çaji sriracha, më shumë nëse dëshironi
- ½ filxhan arra të copëtuara
- ¼ filxhan fara liri të bluar
- 2 gota oriz të zier me kokërr të shkurtër
- 1 filxhan bukë panko thërrime, të ndara
- Salcë Vegan Worcestershire, për larje
- Sprej gatimi që nuk ngjit, për pjekje në skarë
- Simite hamburgeri dhe fiksimet e dëshiruara për burger
- Kripë deti dhe piper i zi i sapo bluar

UDHËZIME

a) Ngrohni vajin e ullirit në një tigan mesatar mbi nxehtësinë mesatare. Shtoni qepën dhe ziejini derisa të zbuten, 1 minutë. Shtoni kërpudhat dhe pak kripë dhe kaurdisini derisa të zbuten dhe të marrin ngjyrë kafe, 6 deri në 9 minuta, duke ulur pak zjarrin, sipas nevojës.

b) Përzieni tamarin, uthullën dhe mirinin. Përziejini, zvogëloni zjarrin, më pas shtoni hudhrën, paprikën e tymosur dhe sriracha. Hiqeni tiganin nga zjarri dhe lëreni të ftohet pak.

c) Në një përpunues ushqimi, kombinoni kërpudhat e skuqura, arrat, farat e lirit, orizin kaf dhe ½ filxhan panko. Pulsoni derisa të kombinohen. Përzierja duhet të qëndrojë së bashku kur shtypet, por duhet të ketë ende një strukturë.

d) Transferoni në një tas të madh dhe palosni pankon e mbetur.

e) I formojmë në 8 peta, i vendosim në një pjatë të madhe dhe i vendosim në frigorifer për 1 orë.

f) Nëse jeni duke i pjekur në skarë petat, ngrohni paraprakisht një skarë në nxehtësi mesatare-të lartë. Lyejmë petat me vaj ulliri dhe spërkasim grilën me llak gatimi. Vendosini petat në skarë dhe përdorni një shpatull për t'i shtypur lehtë. Piqini në skarë për 7 minuta në anën e parë, rrokullisni dhe piqeni në skarë për 6 deri në 7 minuta në anën e dytë, ose derisa të karbonizohet mirë dhe të gatuhet.

g) Në mënyrë alternative, gatuajini petat në sobë. Ngrohni një tigan prej gize mbi nxehtësinë mesatare. Lyejeni pjesën e poshtme të tiganit me vaj dhe ziejini petat për 5 deri në 6 minuta nga njëra anë, ose derisa të karbonizohen mirë dhe të gatuhen.

h) E heqim nga zjarri, e lyejmë me salcë Worcestershire dhe e shërbejmë me fiksimet e dëshiruara.

KURS KRYESOR

36. Bolognese e thjeshtë, thelbësore

PËRBËRËSIT:
- 1 qepë e vogël e verdhë
- 1 karotë e hollë
- 1 selino brinjë
- 2 thelpinj hudhër (opsionale)
- 2 ons pançetë, të prera në kubikë (opsionale) ose 2 deri në 3 lugë vaj ulliri
- Kripë Kosher
- Piper i zi i sapo bluar dhe piper i kuq
- 1 kile mish viçi të bluar (80/20 ose 85/15)
- 1/2 filxhan qumësht të plotë, ose 3/4 filxhan qumësht me pak yndyrë
- 1/2 filxhan verë të bardhë të thatë
- 1 kanaçe domate prej 6 ons
- Uji
- 1 gjethe dafine
- Disa grila arrëmyshk të freskët
- 1 kile tagliatelë të thata

UDHËZIME:
PËRGATITNI PERIMET TUAJA:
a) Filloni duke prerë qepën, karrotën dhe selinon në copa të mëdha. Nëse keni një përpunues ushqimi ose një blender të fuqishëm, pulsoni këto perime (dhe hudhrat nëse përdorni) derisa të grihen imët.

b) Nëse nuk keni një të tillë, mund t'i prisni imët perimet duke përdorur një thikë derisa të ngjajnë me copa të vogla duke filluar nga kuskusi deri te bizelet.

NDËRTIMI I SHOMËS BAZË:
c) Nxehni një tenxhere të rëndë mesatare/të madhe ose furrën holandeze (4-5 litra) mbi nxehtësinë mesatare-të

lartë. Nëse jeni duke përdorur pancete, shtoni atë në tenxhere dhe lëreni të gatuhet derisa të jetë krokante dhe të ketë marrë pak yndyrë. Nëse nuk përdorni pancetë, lyeni pjesën e poshtme të tenxheres me vaj ulliri dhe lëreni të nxehet.

d) Shtoni perimet e copëtuara dhe i rregulloni ato me bollëk me kripë, piper dhe një majë ose dy theka speci të kuq. Ziejini perimet derisa të skuqen në mënyrë të barabartë, duke i përzier shpesh për rreth 10 minuta. Shtoni mishin e grirë, e rregulloni me bollëk kripë dhe piper dhe gatuajeni derisa të skuqet mirë, gjë që duhet të zgjasë rreth 10 minuta.

e) Nëse përdorni qumësht, shtoni tani dhe gatuajeni derisa të zhduket, gjë që duhet të zgjasë rreth 3 deri në 4 minuta. Më pas shtoni verën e bardhë dhe gatuajeni derisa të avullojë, duke ndjekur të njëjtën kohë. Shtoni pastën e domates dhe gatuajeni edhe për 3 deri në 4 minuta të tjera.

f) Shtoni 2 gota ujë, një gjethe dafine dhe disa grila arrëmyshk të freskët. Lëreni përzierjen të ziejë, më pas zvogëloni nxehtësinë në mesatare-të ulët. Tani keni arritur në pjesën "largim" të recetës.

Gatuani RAGÙ:

g) Gjatë 3 orëve të ardhshme (ose më gjatë nëse preferoni), përzieni salcën herë pas here, duke e kontrolluar çdo 30 minuta. Ndërsa uji në salcë zihet, shtoni më shumë, por jo më shumë se 1 filxhan në të njëjtën kohë për të shmangur zierjen e mishit. Shijoni herë pas here dhe rregulloni erëzat nëse është e nevojshme. Ziejeni për të paktën 3 orë dhe mund ta lini të gatuhet më gjatë nëse dëshironi. Hiqni dhe hidhni gjethen e dafinës.

TE MBAROJ:

h) Gatuani makaronat tuaja në ujë të kripur mirë derisa të mbarojnë 1 deri në 2 minuta. Përpara se t'i kulloni, hidhni 2 gota me ujë të zierjes në një karafe. Shtoni makaronat e kulluara direkt në ragu, së bashku me 1/2 deri në 1 filxhan me ujë të rezervuar. Gatuani makaronat dhe salcën së bashku për 1 deri në 2 minuta, duke shtuar më shumë ujë makarona nëse është e nevojshme për t'i mbajtur ato në lëvizje.

i) Shërbejeni në enë të gjera. Ndërsa parmixhani i grirë nuk është tradicional, mund ta shtoni nëse ju bën të lumtur.

j) Nëse ju ka mbetur bolognese, ajo ngrin mrekullisht. Vendoseni në një qese, hiqni ajrin e tepërt dhe ngrijeni. Për ta përdorur, shkrini në frigorifer dhe vendoseni të ziejë përsëri në të njëjtën tenxhere, duke shtuar disa spërkatje ujë për ta liruar atë.

37. Oriz i skuqur me perime dhe tofu

Bën: 3

PËRBËRËSIT
- 3 gota oriz të gatuar
- 2 lugë vaj gatimi
- 2 lugë çaji vaj susami
- ½ filxhan qepë të copëtuara
- 5-6 hudhra të grira
- 2 lugë çaji xhenxhefil të grirë
- 1 karotë në kubikë
- 1 kungull i njomë në kubikë
- 2 gota lakër të kuqe
- ½ filxhan bizele të ngrira
- 1 pako tofu shtesë e fortë e shtypur dhe e prerë në kubikë

PËR salcë:
- 3 lugë salcë soje me pak natrium OSE tamari
- 1 lugë gjelle uthull orizi OSE lëng limoni
- 1 lugë gjelle sambal olek OSE ndonjë salcë djegëse e nxehtë sipas dëshirës
- 2 lugë çaji sheqer ose agave
- 1 lugë gjelle gjalpë kikiriku sipas dëshirës
- Dy rrotullime me piper
- Kripë
- ¼ filxhan kikirikë të pjekur sipas dëshirës

UDHËZIME
a) Rrihni përbërësit për salcat në një tas dhe e keni gati për t'u nisur.
b) Ngrohni të dy vajrat në një tigan ose një wok.

c) Pasi të jetë ngrohur shtoni qepët dhe ziejini derisa të jenë të tejdukshme. Shtoni hudhër me xhenxhefil dhe skuqeni deri në kafe të artë.
d) Tani shtoni perimet.
e) Perimet e forta si karotat shkojnë së pari. Do të duhen rreth 2 minuta për të gatuar.
f) Shtoni në përzierjen e salcës së tundur.
g) Pasuar nga kungull i njomë, lakra dhe bizele që kërkojnë një minutë për t'u gatuar.
h) Hidhni tofu-në e prerë në kubikë dhe përzieni lehtë për të mbuluar tofu-në.
i) E gatuajmë për 30 sekonda.
j) Shtoni në të orizin dhe përzieni mirë. Gatuani të mbuluar për një minutë.
k) E lyejmë me kikirikë të pjekur dhe e shërbejmë të nxehtë.

38. Pulë e pjekur me oriz kaf

Bën: 4 porcione

PËRBËRËSIT:
- 6 gjysma të gjoksit të pulës
- 1 e ½ filxhan selino të copëtuar
- 1 e ½ filxhan qepe
- 1 lugë çaji tarragon i freskët
- 2 gota lëng pule pa kripë
- 1 plus ½ filxhan verë të bardhë të thatë
- 2 gota oriz të zier

UDHËZIME:
a) Pastroni gjokset e pulës, lani, thani dhe prisni në kubikë të vegjël.
b) Në një enë vendosim pulën e prerë, selinon e grirë, qepën e grirë, tarragonin dhe 1 filxhan lëngun e pulës pa kripë, duke i përzier të gjitha dhe duke e lënë të marinohet për gjysmë ore.
c) Vendoseni në një tigan me një lugë çaji vaj ulliri dhe ziejini në zjarr mesatar derisa pula dhe perimet të zbuten për rreth 10 minuta.
d) Hiqeni dhe lëreni të ftohet.
e) Në një enë për pjekje, përzieni verën, 1 filxhan lëng mishi dhe orizin e zier, shtoni pulën dhe vendosni gjithçka në një enë pjekjeje.
f) E mbulojmë letrën me letër alumini dhe e pjekim në furrë të parangrohur në 200° C për rreth 15 minuta.
g) E heqim dhe e servirim të nxehtë.

39.Patëllxhan i mbushur me oriz

Bën: 6 racione

PËRBËRËSIT
- ½ filxhan oriz të bardhë basmati
- 3 paund patëllxhanë (3 të mëdha)
- Kripë Kosher
- ¼ filxhan arra pishe të thekura
- 2 gota qiqra të konservuara, të kulluara
- ½ filxhan majdanoz i freskët, i grirë trashë
- ½ filxhan gjethe nenexhiku të freskët, të prera trashë
- ¾ filxhan vaj ulliri ekstra të virgjër, i ndarë
- 1 qepë kafe, e qëruar dhe e grirë
- 48 ons domate të pjekura të prera në kubikë (3 kanaçe)
- 4 thelpinj hudhre te pjekura, te grira
- ½ lugë çaji kanellë
- ¼ e lugës së çajit pipëza
- 2 limonë të freskët, të lëngshëm
- 2 lugë pastë domate
- Piper i kuq
- Kripë dhe piper

UDHËZIME
a) Mbuloni orizin me ujë të ftohtë dhe 1 lugë çaji kripë; zhyteni për 30 minuta para gatimit.
b) Oriz i bardhë zhytur në një tas me ujë.
c) Pritini kërcellet e patëllxhanëve dhe pritini në gjysmë për së gjati. Hiqni farat qendrore dhe mishin e gjysmave të patëllxhanit me një mbajtës perimesh ose balonë pjepri, duke lënë një mur ½ inç rreth skajit të jashtëm.
d) Nxjerrja e qendrave të gjysmave të patëllxhanit.

e) Spërkatni gjysmat e patëllxhanit me kripë dhe lërini të pushojnë në një tas për 30 minuta për të hequr hidhërimin. Shpëlajeni kripën me ujë, thajini dhe vendosini mirë në një enë pjekjeje 9×13.
f) Patëllxhanë gjysma në një fletë pjekje.
g) Skuqini arrat tuaja të pishës në një tigan mbi nxehtësinë mesatare, duke i përzier vazhdimisht, derisa të marrin ngjyrë kafe (mos i lini të digjen!).
h) Skuqini thelpinj tuaj të hudhrës.
i) Arrat e pishës skuqen në një tigan.
j) Ngrohni furrën tuaj në 350 gradë F. Vendosni përpunuesin e ushqimit me një teh metalik. Pulsoni qiqrat, majdanozin dhe nenexhikun së bashku derisa të jenë copëtuar trashë. Mos e teproni, përndryshe do të përfundoni me humus jeshil! Thjesht pulsoni disa herë për të copëtuar përafërsisht qiqrat dhe barishtet. Hidhini përbërësit me lugë në një tas për përzierje.
k) Lyejmë një tigan të madh me 1 lugë gjelle vaj ulliri. Kaurdisni qepën derisa të marrë ngjyrë kafe të artë dhe të karamelizohet. Shtoni gjysmën e qepës në tasin e përzierjes, gjysmën tjetër e rezervoni në tigan.
l) qiqra dhe erëza në një përpunues ushqimi.
m) Kulloni orizin e lagur, shpëlajeni, më pas shtoni në tasin e përzierjes së bashku me arra pishe të thekura, 1 kanaçe domate të prera në kubikë, ¼ filxhan vaj ulliri, hudhër të pjekur, majdanoz, kanellë, arra dhe lëng 1 limoni. Përziejini përbërësit tërësisht me një pirun, më pas rregulloni me kripë dhe piper. Shijoni përzierjen, shtoni erëza shtesë nëse dëshironi.

n) Mbushja me lugë lirshëm në gjysmat e patëllxhanit (mbushja do të zgjerohet gjatë gatimit). Lyejini patëllxhanët e mbushur me vaj ulliri.
o) Gjysmat e patëllxhanëve të mbushura me mbushje.
p) Në tiganin ku keni rezervuar gjysmën e qepës së gatuar, derdhni 2 kutitë e mbetura me domate të pjekura në zjarr, $\frac{1}{4}$ filxhan vaj ulliri, lëngun e 1 limoni, 2 lugë pastë domate dhe pak piper kajen. Përziejini përbërësit së bashku dhe ngrohni mbi nxehtësinë mesatare derisa salca të marrë flluska. Hiqeni nga zjarri dhe rregulloni me kripë dhe piper për shije.
q) Salcë domate në një tigan.
r) Hidhni me lugë salcën në mënyrë të barabartë mbi gjysmat e patëllxhanëve të mbushura. Mbulojeni enën e pjekjes me fletë metalike. E vendosim enën në furrë dhe e lëmë të piqet për 45 minuta. Hiqni folenë nga ena e pjekjes dhe vazhdoni zierjen edhe për 15-30 minuta derisa patëllxhani të zbutet dhe mbushja të jetë gatuar. Shërbejeni të nxehtë.

40. Kërpudha dhe bishtaja me bajame

PËRBËRËSIT:
- 16 ons bishtaja të freskëta, skajet e prera
- 8 ons kërpudha cremini, të prera hollë
- ½ filxhan bajame të prera në feta
- 2-3 lugë vaj ulliri ekstra të virgjër
- 2 thelpinj hudhre, te grira holle
- pak kripë dhe piper për shije

UDHËZIME

a) Ngrohni një tigan të madh mbi nxehtësinë mesatare (më pëlqen të përdor gize për këtë). Shtoni vajin në tigan, më pas shtoni bishtajat dhe i rregulloni me pak kripë dhe piper. Përziejini shpesh për 3-4 minuta.

b) Më pas shtoni në tigan kërpudhat e prera në feta dhe hudhrën e grirë. Lërini të gjitha të trazohen mirë për t'i kombinuar. Më pas gatuajeni për 4-5 minuta të tjera, duke e përzier herë pas here.

c) Kur bishtajat të jenë të buta dhe kërpudhat të kenë marrë pak ngjyrë kafe, vendosini me një majë kripë dhe piper.

d) Transferoni perimet në një pjatë servirje dhe sipër lyeni me bajame të prera në feta.

41. Cod me avull

PËRBËRËSIT:

- 4 fileto merluci (150 g)
- 4 lugë lëng limoni
- 2 presh
- 3 lugë vaj rape
- 100 ml lëng perimesh
- Kripë
- Piper
- trumzë e thatë
- 1 tufë qiqra
- 1 limon organik

UDHËZIME:

a) Shpëlajini filetot e peshkut, thajini dhe spërkatini me 2 lugë gjelle lëng limoni. Pastroni preshin, lani dhe prisni në rrathë.

b) Ngrohni 1 lugë gjelle. Vajini në një tigan, lyeni peshkun e thatë, skuqeni për 2 minuta në nxehtësi mesatare. Më pas kthejeni, shtoni lëngun e mbetur të limonit dhe 50 ml lëng perimesh dhe mbulojeni, ziejini për 5-7 minuta në zjarr të ulët.

c) Ndërkohë, në një tenxhere ngrohim vajin e mbetur, kaurdisim rrathët e preshit në zjarr mesatar për 2 minuta, i rregullojmë me kripë, piper dhe trumzë.

d) Shtoni lëngun e mbetur të perimeve dhe gatuajeni preshin për 5 minuta në zjarr të ulët.

e) Ndërkohë, lani qiqrat, tundni të thahen dhe pritini në role të vogla. Shpëlajeni limonin e nxehtë dhe priteni në katërsh

f) I rregullojmë filetot e peshkut dhe preshin me kripë dhe piper, i rregullojmë në pjata dhe i zbukurojmë me qiqra dhe çerek limoni.

42. Peshku në tas me qumësht kokosi

Bën: 4 porcione

PËRBËRËSIT:
- 400 gram karota
- 2 lugë vaj
- 2 lugë çaji pastë karri të kuqe
- 1 thelpi hudhër
- 4 speca
- 1 lugë gjelle qumësht kokosi
- Lëng nga 1 frut lime
- Kripë
- Piper
- 600 gram merluc ose peshk tjetër të bardhë
- 1 lugë gjelle niseshte misri ose miell gruri
- 1 qepë e vogël

UDHËZIME:
a) Qëroni dhe prisni karotat. Vendoseni furrën në 200 gradë.

b) Hidhni vajin në tigan dhe fshijeni pastën e kerit (ose kerit normal) mbi nxehtësinë mesatare. Hidhni karotat në tigan dhe lërini të ziejnë për disa minuta duke prerë hudhrat dhe specat.

c) Përziejini karotat që të mos digjen.

d) Prisni hudhrën, prisni në feta të holla dhe vendoseni në tigan. Shpëlajmë specat, i presim në kubikë dhe i vendosim në tigan. Merrni disa minuta për të lejuar që specat të shtojnë pak lëng dhe kafshimet e vogla fillojnë të zbuten.

e) Shtoni qumështin e kokosit dhe gatuajeni në zjarr të ulët. Provoni salcën e kokosit me lëng lime, kripë dhe piper.

f) Pastroni qepët, pritini në feta dhe përzieni me salcën (lëreni diçka për të spërkatur tasin e përfunduar).

g) Pastroni peshkun dhe thajeni me një peshqir të vogël letre ose një peshqir të pastër enësh, e rregulloni me kripë dhe piper.

h) Hidhni salcën e kokosit në një tigan dhe sipër vendosni copat e peshkut. E trazojmë furrën për rreth 12 minuta ose derisa peshku të jetë i butë, por ende i lëngshëm.

i) Spërkatni mbi të qepët e fundit të pranverës dhe hani lëvozhgën ashtu siç është.

43. Poke Bowl me salmon

PËRBËRËSIT:
- 250 gr fileto salmoni i freskët
- 1 avokado
- 150 gr oriz (sushi)
- 2 lugë gjelle uthull orizi
- ½ kastravec
- farat e susamit
- 175 g mango
- 30 g jonxhë
- 2 lugë majonezë
- 2 lugë gjelle lëng limoni
- Thekon djegës për shije

SALMONI MARINADE:
- 1 lugë gjelle salcë soje
- 1 lugë gjelle vaj susami
- 1 lugë gjelle lëng limoni

UDHËZIME:
a) Pritini salmonin në kubikë, shtoni përbërësit për marinadën dhe mbajeni të mbuluar në frigorifer për aq kohë sa të jetë e mundur.
b) Përgatisni orizin dhe më pas spërkatni me uthull orizi.
c) Pritini kastravecin, mangon dhe avokadon në copa.
d) Përziejini përbërësit për salcën. Ndani kubet e salmonit, orizit, kastravecit, avokados dhe mangos në 2 tasa dhe ndajini në plane të veçanta.
e) Dekoroni me pak jonxhë, salcë majonezë lime dhe fara susami.

44. Salmon me salsa avokado

Bën: 1

PËRBËRËSIT:
- ½ lugë vaj ulliri
- ¼ lugë çaji kripë
- ½ lugë çaji piper i zi
- ½ lugë çaji pluhur paprika
- 115 gram fileto salmoni
- ½ avokado
- ¼ qepë të kuqe
- 1 lugë gjelle lëng limoni të freskët
- 1 lugë gjelle koriandër të freskët
- 3 domate qershi

UDHËZIME:
a) Përzieni në një tas vajin, kripën, piperin duke përfshirë paprikën.
b) Lyeni fileton e salmonit duke përfshirë marinadën dhe vendoseni në frigorifer për 30 minuta.
c) Grini salmonin në rende nga të dyja anët për 2 minuta në zjarr të fortë.
d) Përzieni avokadon, domatet e copëtuara, ¼ qepë të kuqe, lëngun e një lime, 1 lugë gjelle vaj ulliri duke përfshirë kripën për shije në një tas të veçantë.
e) Shërbejeni salmonin në salsa me avokado dhe zbukurojeni me cilantro të copëtuar. Shërbejeni me një sallatë jeshile të përzier.

45. Kungull Spageti me karkaleca deti

PËRBËRËSIT:

- 2 lugë gjelle vaj susami
- 2 lugë qepë të bardhë të grirë hollë
- 1 lugë gjelle hudhër të grirë imët
- 1 lugë gjelle xhenxhefil të grirë imët
- 1 filxhan karotë të prerë në rripa
- ½ filxhan soje
- 1 filxhan bizele kineze
- 1 filxhan karkaleca të pastër
- 2 copa kungulli të prera në shirita të hollë
- 1 filxhan majdanoz
- 2 lugë djegës
- 1 filxhan qepë të copëtuar, të prerë në rripa
- 1 majë kripë
- 1 majë piper

UDHËZIME:

a) Ngrohni një tigan të thellë ose një wok për ushqim oriental mbi nxehtësinë mesatare me vaj susami.

b) Shtoni qepën e bardhë, me hudhrën derisa të marrin një ngjyrë të ndezur, shtoni xhenxhefil dhe ziejini edhe 3 minuta.

c) Shtoni karrotën me salcën e sojës, shtoni bizelen kineze me karkalecat që do të zihen, shtoni kungullin, gjethet e majdanozit, rregulloni me djegës, rrathët e qepës dhe kripë e piper sipas dëshirës tuaj.

d) Shërbejeni dhe shijoni.

46. Karkaleca meksikane

Bën: 4 porcionet

PËRBËRËSIT:
- 1 lugë gjelle vaj ulliri ekstra të virgjër
- 1 lugë çaji djegës pluhur
- 1 lugë çaji kripë me natrium të ulët
- 1 paund. karkaleca të mesme, të qëruara dhe të deveinuara
- 1 avokado, të prerë dhe të prerë në kubikë
- Marule e grirë, për servirje
- cilantro e freskët, për servirje
- 1 gëlqere, e prerë në copa

PËR TORTILLAT:
- 6 te bardha veze
- $\frac{1}{4}$ filxhan miell kokosi
- $\frac{1}{4}$ filxhan qumësht bajame
- $\frac{1}{2}$ lugë çaji kripë me natrium të ulët
- $\frac{1}{2}$ lugë çaji qimnon
- $\frac{1}{4}$ lugë çaji pluhur djegës

UDHËZIME:
a) Kombinoni të gjithë përbërësit e tortilla .
b) Ngrohni një tigan dhe përzieni vajin e ullirit, pluhurin djegës dhe kripën me pak natrium dhe hidhini me karkaleca për t'u lyer. Le menjane.
c) Lyejeni tavën me llak me vaj bajame dhe hidhni pak brumë mbi tigan në një shtresë të hollë avokat.
d) Gatuani për 2 minuta , rrokullisni dhe gatuajeni për 2 minuta të tjera derisa të skuqen lehtë .
e) Mbi çdo tortilla me karkaleca, marule, avokado dhe cilantro.

47. Limon dhe trumzë Salmon

Bën: 4 porcionet

PËRBËRËSIT:
- 1 limon, i prere holle
- 1 lugë gjelle trumzë e freskët
- Copë salmon 32 ons
- 1 lugë gjelle kaperi
- Hidhni kripë me pak natrium dhe piper të freskët të bluar
- Vaj ulliri

UDHËZIME:
a) Rreshtoni një fletë pjekjeje të rrethuar me letër pergamene .
b) Shtroni salmonin, me anën e lëkurës poshtë, në fletën e përgatitur për pjekje.
c) I rregullojmë me kripë dhe piper.
d) Rregulloni kaperin , limonin e prerë në feta dhe trumzën në salmon
e) Piqeni në 400 gradë F për 25 minuta.

48. Karkaleca Scampi & Spageti Kungull

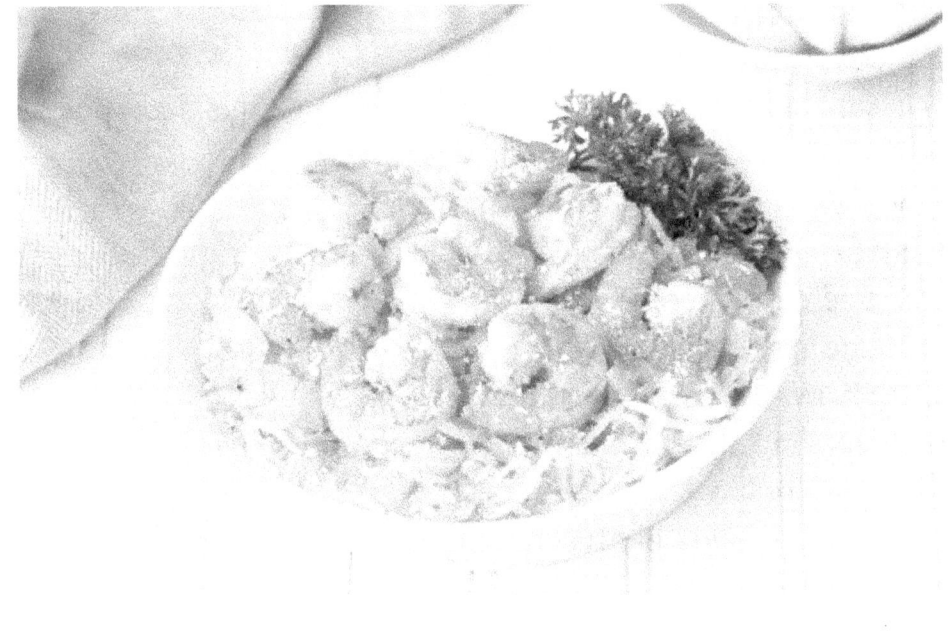

Bën: 4 porcionet

PËRBËRËSIT:
PËR Spagetin:
- 1 kungull spageti, të zbutur dhe të përgjysmuar për së gjati
- Vaj ulliri ekstra i virgjër, për spërkatje
- Kripë dhe piper me pak natrium
- 1 lugë çaji rigon të tharë
- 1 lugë çaji borzilok të thatë

PËR SKAMPIN E karkalecave:
- 8 ons karkaleca, të qëruara dhe të deveinuara
- 3 lugë gjalpë
- 2 lugë vaj ulliri ekstra të virgjër
- 2 thelpinj hudhre, te grira
- Majë me thekon piper të kuq
- Hidhni kripë dhe piper
- 1 lugë majdanoz i freskët, i grirë
- Lëng nga 1 limon
- Lëkura e gjysmë limoni

UDHËZIME:
a) Ngroheni furrën në 400 gradë F.
b) Vendosni gjysmat e kungujve në një fletë pjekjeje me buzë.
c) Spërkateni me vaj dhe spërkatni me erëza.
d) Piqeni ne furrë për 50 minuta.
e) Grini të brendshmet me një pirun për të copëtuar kungujt në fije.
f) Shkrini gjalpin dhe vajin e ullirit në një tigan mbi nxehtësinë mesatare.
g) Shtoni hudhrën dhe skuqeni për 3 minuta.

h) Përzieni karkalecat , kripën, piperin dhe thekonet e piperit.
i) Gatuani për 5 minuta, derisa karkalecat të jenë gatuar.
j) Hiqeni nga zjarri dhe shtoni kungullin e zier me spageti.
k) Hidhni me lëng limoni dhe lëkurë.
l) Spërkateni me majdanoz.

49. Merluci në salcën e domates

Bën: 5

PËRBËRËSIT:
- 2 lugë vaj ulliri
- 3 lugë pastë domate
- 1 lugë çaji barërat e këqija të koprës
- 2 lugë çaji sumak
- 2 lugë çaji koriandër të bluar
- 1½ lugë çaji qimnon i bluar
- 1 lugë çaji pluhur shafran i Indisë
- 1 qepë e ëmbël, e prerë në kubikë
- 8 thelpinj hudhre, te shtypura
- 2 speca jalapeño, të grira
- 2 lugë gjelle lëng limoni
- 5 domate mesatare, të grira
- ½ filxhan ujë
- 5 fileta merluci
- Pini kripë
- Hidhni piper të zi të bluar

UDHËZIME:
a) Për përzierjen e erëzave: Vendosni koprën dhe erëzat në një tas dhe përzieni mirë.
b) Ngrohim vajin në një wok dhe kaurdisim qepën për rreth 2 minuta.
c) Skuqeni për rreth 2 minuta me hudhrën dhe jalapeño.
d) Përzieni domatet, pastën e domates, lëngun e limonit, ujin, gjysmën e përzierjes së erëzave, kripën dhe piperin dhe lërini të ziejnë.
e) Gatuani, të mbuluar, për rreth 10 minuta mbi nxehtësinë mesatare-të ulët, duke e përzier periodikisht.

f) I rregulloni filetot e merlucit në mënyrë të barabartë me përzierjen e mbetur të erëzave, kripën dhe piperin.

g) Vendosni filetot e peshkut në wok dhe shtypni lehtë në përzierjen e domates.

h) Vendosni nxehtësinë në mesatare-të lartë dhe gatuajeni për rreth 2 minuta.

i) Ziej, të mbuluar, për rreth 15 minuta

50. Tilapia me xhenxhefil

Bën: 5

PËRBËRËSIT:
- 5 fileto tilapia
- 3 thelpinj hudhre, te shtypura
- 2 lugë gjelle xhenxhefil të freskët, të copëtuar
- 2 lugë arrë kokosi pa sheqer, të grirë në rende
- 2 lugë gjelle aminoacidet e kokosit
- 8 qepë të vogla, të grira
- 2 lugë vaj bajame

UDHËZIME:
a) Në një tigan shkrini vajin e bajames në zjarr të fortë dhe skuqni filetot e tilapisë për rreth 2 minuta nga çdo anë.
b) Shtoni hudhrën, kokosin dhe xhenxhefilin dhe gatuajeni 1 minutë.
c) Shtoni aminoacidet e kokosit dhe gatuajeni edhe 1 minutë.
d) Shtoni qepën dhe gatuajeni edhe për rreth 2 minuta.

51. Swiss Chard & Haddock

Bën: 1

PËRBËRËSIT:
- 2 lugë vaj bajame
- 2 thelpinj hudhre, te shtypura
- 2 lugë çaji xhenxhefil të freskët, të grirë hollë
- 1 fileto marihu
- Kripë dhe piper të zi të bluar
- 2 filxhanë chard zvicerane, të grira trashë
- 1 lugë çaji aminoacidet e kokosit

UDHËZIME:
a) Në një tenxhere shkrini dhe djersini 1 lugë gjelle vaj bajame në zjarr mesatar
b) Për rreth 1 minutë kaurdisim hudhrën dhe xhenxhefilin.
c) Shtoni farën së bashku me kripë dhe piper ; gatuajeni për 4 minuta nga secila anë .
d) Në një tigan tjetër shkrini vajin e mbetur të bajames dhe ziejini amidonët e drithit dhe kokosit për rreth 8 minuta.
e) Shërbejeni fileton e salmonit mbi drithë.

52. Salmon Fettuccini

Bën: 6 racione

PËRBËRËSIT
- 12 ons salmon të freskët, të prerë në fileto
- Borziloku i freskët
- Kripë deti dhe piper për shije
- 1 lugë gjelle gjalpë të kulluar
- Lëng një limoni, rreth 3 lugë gjelle
- 2 thelpinj hudhre, te grira
- 12 ons shkruar fettuccini, të gatuar
- 20 gjethe spinaqi

UDHËZIME
a) Ngrohni grilin.
b) Fërkoni butësisht salmonin me kripë dhe piper, më pas piqeni në skarë për 6 minuta nga çdo anë derisa të skuqet lehtë me një pirun.
c) Ngrohni lëngun e limonit dhe hudhrën me gjalpë.
d) Hidhni makaronat, salcën me gjalpë hudhre, spinaqin dhe borzilokun e freskët në një pjatë për servirje.

53. Fileto derri me petë të pjekur në furrë

Bën: 6 racione

PËRBËRËSIT:
- 1 fletë petë
- 1 fileto derri
- 6 feta proshutë
- 6 feta djathë
- 1 vezë e rrahur

UDHËZIME:
a) Ngroheni furrën në 220°C.
b) E rregullojmë fileton me piper dhe e kaurdisim në një tigan.
c) Rezervoni dhe lëreni të ftohet.
d) Shtrijeni fletën e petë.
e) Në pjesën qendrore vendosni fetat e djathit dhe më pas fetat e proshutës në mënyrë që të mbështillni më pas filetonin.
f) Pasi filetoja të jetë ftohur, vendoseni mbi proshutë.
g) Në fund mbyllim petën e sfumuar.
h) E lyejmë me vezën e rrahur fileton e derrit të mbështjellë me petë dhe e vendosim në furrë për rreth 30 minuta.

54. Mish derri i fërkuar nga Kili me misër dhe fasule të zeza

Bën: 8

PËRBËRËSIT:
- 4 kallinj misri të freskët, të hequr lëvozhgat
- 3 lugë gjelle lëng limoni të freskët
- ½ filxhan lëng pule pa kripë
- ⅓ filxhan qepë të kuqe të grirë hollë
- 2 lugë sheqer kafe të errët
- cilantro e freskët
- 1 lugë gjelle pluhur djegës chipotle
- 2 lugë çaji kakao pa sheqer
- 2 fileto derri, të prera
- 1 lugë çaji piper i zi
- 2 lugë çaji kripë kosher
- 30 ons fasule të zeza pa kripë, të kulluara dhe të shpëlarë
- 3 lugë vaj ulliri
- 1 gëlqere e plotë

UDHËZIME:
a) Vendosni lëngun e misrit dhe pulës në një tenxhere.
b) Përziejini së bashku sheqerin kaf, 1 lugë gjelle vaj ulliri, pluhurin djegës, kakaon, piperin e zi dhe 1½ lugë çaji kripë në një tas.
c) Fërkoni filetot me fërkim dhe vendosini sipër misrit në tenxhere.
d) Gatuani ngadalë derisa një termometër i futur në pjesën më të trashë të filetove të regjistrojë 140°F dhe misri të jetë i butë, 2 orë e 30 minuta deri në 3 orë.
e) Pritini kokrrat nga kallinjtë dhe vendosini kokrrat në një tas; përzieni fasulet, cilantron, qepën e kuqe, lëngun e

limonit dhe 2 lugë gjelle vaj ulliri të mbetur dhe ½ lugë çaji kripë.

f) Pritini gëlqeren e mbetur në 8 feta. Pritini mishin e derrit. Ndani përzierjen e misrit dhe mishin e derrit të prerë në 8 pjata; shërbejeni me pykat e limonit. Dekoroni me gjethe cilantro.

55. Nachos derri me mjaltë-lime

Bën: 8

PËRBËRËSIT:
- 1½ kile mish derri pa kocka, të prera
- 1¼ lugë çaji kripë kosher
- 3 lugë mjaltë
- 3 lugë gjelle lëng limoni të freskët
- 1 lugë gjelle hudhër të prerë në feta
- 8 ons patate të skuqura tortilla me shumë kokrra të pjekura
- 4 ons piper djathë Jack, i grirë
- ½ filxhan domate të prera në kubikë
- ⅓ filxhan qepë të kuqe të prerë hollë
- ¼ filxhan cilantro e freskët e copëtuar
- ⅓ filxhan salcë kosi me yndyrë të reduktuar
- 2 lugë qumësht të plotë
- 8 pyka gëlqereje

UDHËZIME:
a) Spërkateni mishin e derrit me 1 lugë çaji kripë dhe vendoseni në një tenxhere. Spërkateni me mjaltë dhe lëng gëlqereje; sipër me fetat e hudhrës.

b) Gatuani ngadalë derisa një termometër i futur në pjesën më të trashë të derrit të regjistrojë 140°F, 2 deri në 3 orë.

c) Transferoni mishin e derrit në një dërrasë prerëse, duke i rezervuar pikimet në tenxhere; lëreni mishin e derrit të pushojë për 10 minuta. Pritini mishin e derrit në kubikë të vegjël dhe hidheni me pikat e rezervuara në tenxhere.

d) Rregulloni patatet e skuqura në një shtresë të barabartë në një fletë pjekjeje të mbyllur dhe sipër me mishin e derrit dhe djathin.

e) Ziejini derisa djathi të shkrihet, rreth 4 minuta. Hidhni sipër domatet, qepën, cilantron dhe pjesën e mbetur të $\frac{1}{4}$ lugë çaji kripë.

f) Bashkoni salcën e thartë dhe qumështin dhe derdhni mbi nachos.

g) Shërbejeni me copa gëlqereje.

56. Mish derri me salcë porti dhe rozmarine

Bën: 12

PËRBËRËSIT:
- 3 kilogramë mish derri pa kocka, të prera
- 8 thelpinj hudhër të përgjysmuar për së gjati
- 2¼ lugë çaji kripë kosher
- 1 lugë çaji piper i zi
- 1 luge vaj ulliri
- 2 lugë çaji pastë açuge
- 2 degë rozmarine të freskëta
- ½ filxhan port
- kanaçe 28 ons me domate të grimcuara pa kripë, të pakulluara
- Pako 24 ons me patate të ngrira me avull dhe pure
- 6 lugë gjelle krem fraiche
- 6 lugë gjelle gjysmë e gjysmë
- 4 lugë gjalpë pa kripë

UDHËZIME:
a) Prisni 16 xhepa të vegjël rreth pjesës së jashtme të mishit të derrit dhe futni hudhrën në xhepa.
b) Fërkojeni mishin e derrit me kripë dhe piper.
c) Ngrohni vajin në një tigan që nuk ngjit mbi nxehtësinë mesatare derisa të vezullojë, rreth 1 minutë.
d) Shtoni mishin e derrit dhe skuqeni nga të gjitha anët.
e) Transferoni mishin e derrit në një tenxhere, duke i rezervuar pikimet në tigan.
f) Shtoni pastën e açuges dhe rozmarinën dhe ziejini derisa të jenë aromatike, rreth 1 minutë.
g) Shtoni portën për të liruar copat e skuqura nga fundi i tiganit. Transferoni përzierjen në tenxhere dhe shtoni

domatet dhe ½ lugë çaji kripë. Gatuani ngadalë derisa një termometër i futur në pjesën më të trashë të mishit të derrit të regjistrojë 140°F, rreth 3 orë. Transferoni mishin e derrit në një dërrasë prerëse ose në pjatë servirjeje, duke e rezervuar lëngun e gatimit në tenxhere; lëreni mishin e derrit të pushojë për 10 minuta.

h) Derdhni lëngun e rezervuar të gatimit në një tenxhere.
i) Lëreni të vlojë mbi nxehtësinë mesatare; ziejnë për rreth 8 minuta.
j) Përgatisni patatet sipas udhëzimeve të paketimit, duke hequr qumështin dhe gjalpin.
k) Shtoni creme fraîche, gjysmë e gjysmë, 2 lugë gjelle gjalpë dhe ¾ lugë çaji të mbetur kripë dhe ½ lugë çaji piper patateve të ziera; pure deri në konsistencën e dëshiruar.
l) Përzieni 2 lugët e mbetura të gjalpit në salcën e reduktuar derisa të shkrihet.
m) Shërbejeni mishin e derrit të prerë me patatet dhe salcën e reduktuar.

57. Posole derri

Bën: 10

PËRBËRËSIT:
- Shpatulla e derrit pa kocka 3 kile, e prerë dhe e prerë në copa $1\frac{1}{2}$ inç
- 1 lugë qimnon i bluar
- 1 lugë çaji kripë kosher
- Kanaçe 15 ons me homine të bardhë, e kulluar dhe e shpëlarë
- 1 lugë çaji piper i zi
- 1 lugë gjelle vaj kanola
- $1\frac{1}{2}$ filxhan djegës poblano të copëtuar
- $1\frac{1}{2}$ filxhan qepë të verdha të copëtuara
- 4 gota lëng pule pa kripë
- Rrepka të prera hollë
- 15 ons kanaçe fasule pa kripë, të kulluara dhe të shpëlarë
- 1 filxhan salsa verde
- Qepë të prera hollë
- Gjethe të freskëta të rigonit

UDHËZIME:
a) Spërkateni mishin e derrit në mënyrë të barabartë me qimnon, kripë dhe piper të zi. Ngrohni vajin në një tigan mbi nxehtësinë mesatare. Shtoni gjysmën e mishit të derrit në tigan; gatuajini, duke e trazuar herë pas here, deri në kafe të artë, rreth 4 minuta. Transferoni në një tenxhere. Përsëriteni procedurën me pjesën e mbetur të derrit.

b) Shtoni specin djegës poblano dhe qepët, dhe të karamelizuara lehtë, rreth 5 minuta.

c) Shtoni ½ filxhan lëng në tigan dhe përzieni që të lirohen copat e skuqura nga fundi i tiganit; transferimi në Crockpot.

d) Shtoni salsa verde, hominy, fasule pinto dhe 3½ filxhanë të mbetur të lëngut.

e) Gatuani ngadalë derisa mishi i derrit të jetë i butë, rreth 7 orë e gjysmë.

f) Pure disa nga fasulet dhe hominy me një pure patate.

g) Shërbejeni supën me rrepka të prera në feta, qepë dhe gjethe rigon.

58. Bufer karrota kungull i njomë

Bën: 4

PËRBËRËSIT:
- 500 g patate të ziera fort
- 2 karota
- 1 kungull i njomë
- 1 lugë miell qiqrash
- Kripë
- Arrëmyshk
- 2 luge vaj ulliri
- 1 limon organik
- ½ raketë tufë

UDHËZIME:
a) Qëroni patatet. Lani karotat dhe kungulleshkat dhe pastroni. Grini gjithçka në rende dhe përzieni me miellin e qiqrave, e rregulloni me kripë dhe arrëmyshk të sapo grirë.
b) Ngrohni vajin e ullirit brenda një tigani dhe shtoni përzierjen e patateve në pjesë.
c) Shtypeni lehtë dhe skuqeni në nxehtësi mesatare nga secila anë për rreth 6 minuta.
d) Ndërkohë, lani limonin të nxehtë, thajeni dhe priteni në feta. Lani raketën dhe thajeni.
e) Rregulloni buferat në 4 pjata dhe zbukurojeni me raketë. Ndarja e limonit është e mjaftueshme.

59. Byrek me pule me pule

Bën: 5 porcione

PËRBËRËSIT:
- 1 tufë pule e plotë
- 3 patate të mëdha (ose patate të ëmbla)
- 2 qepe
- 4 thelpinj hudhre
- ½ filxhan salcë domate
- 1 filxhan pure bananeje jeshile të gatuar
- 1 lugë sallo
- 1 filxhan qumësht
- Kripë, piper i zi dhe kajen, paprika, arrëmyshk, qimnon, kerri

UDHËZIME:
a) Fillimisht, gatuajeni gjoksin e pulës në ujë. E përgatisim në tenxhere me presion dhe e lëmë 20 minuta që tenxherja të vlojë.

b) Gatuani pulën, përgatisni patatet në ujë për të bërë pure.

c) Bëni pure patatet me gjalpë dhe vendosni qumështin për të dhënë konsistencën që ju pëlqen. I rregullojmë me kripë, piper të zi dhe arrëmyshk.

d) Tani që pula është ftohur, mund të shtypni gjithçka të vogël.

e) Në një tenxhere skuqim qepën me një minimum vaji. Shtoni hudhrën, salcën e domates dhe pulën. Perziejini mirë, nëse thahet mesatarisht, shtoni pak ujë. Shkoni vendosni erëzat: kripë, piper të zi dhe kajen, qimnon, kerri. Mundohuni të shihni nëse është sipas dëshirës tuaj.

f) Nëse ju pëlqen tashmë se si ishte e mrekullueshme. Por nëse doni një konsistencë më kremoze, pureja e bananes jeshile është ideale, nëse jo një opsion është të përdorni qumështin me niseshte misri.

g) Për të mbledhur pjatën, vendosni pulën e kaurdisur dhe sipër lyeni me pure patatesh. Vendoseni në furrë nën 180 ° C për 20 minuta.

60.Pulë me lustër soje

PËRBËRËSIT:

- Vaj perimesh
- Kripë Kosher dhe piper i zi i sapo bluar
- 1 1/2 paund kofshë pule pa lëkurë pa kocka ose kotele gjoksi
- 1 lugë gjelle hudhër të grirë
- 1 lugë gjelle xhenxhefil të freskët të grirë
- 3 lugë tamari ose salcë soje e lehtë/me pak natrium
- 4 lugë gjelle uthull orizi pa erëza ose 2 lugë uthull të zezë dhe 2 lugë uthull orizi (shih Shënimin)
- 2 lugë sheqer kaf (preferohet i errët)
- Farat e thekura të susamit dhe/ose qepët e prera hollë për zbukurim

UDHËZIME:

a) Filloni duke e tharë pulën me një peshqir letre në një pjatë. Sezoni të dy anët e copave të pulës me kripë dhe piper të zi të sapo bluar.

b) Nxehni një tigan të madh mbi nxehtësinë mesatare-të lartë. Shtoni disa lugë vaj vegjetal dhe lëreni të nxehet. Pasi vaji të jetë nxehur, shtoni copat e pulës dhe skuqini mirë nga të dyja anët. Kjo duhet të zgjasë rreth 8 deri në 10 minuta në total. Vini re se pula nuk do të gatuhet plotësisht në këtë fazë, dhe kjo është shumë mirë. Transferoni përsëri pulën e skuqur në një pjatë për të pushuar.

c) Nëse është e nevojshme, shtoni më shumë vaj në tigan. Më pas, shtoni hudhrën dhe xhenxhefilin e grirë dhe ziejini duke e trazuar për rreth 1 minutë derisa të marrin aromë.

d) Shtoni tamarin (ose salcën e sojës me pak natrium), uthull(at) e orizit dhe sheqerin kaf në tigan. Përziejini për të gërvishtur çdo pjesë të skuqur nga fundi i tiganit. Lërini përbërësit e salcës të ziejnë, gjë që duhet të zgjasë rreth 1 minutë.

e) E kthejmë pulën e pushuar në tigan dhe e kaurdisim në salcë duke e kthyer një ose dy herë derisa pula të jetë pjekur plotësisht. Kjo duhet të zgjasë rreth 5 minuta më shumë. Ndërsa pula gatuhet, salca do të zvogëlohet dhe do të bëhet pak shurup.

f) Kaloni pulën e gatuar në një pjatë servirjeje dhe mbi të hidhni salcën e mbetur nga tigani.

g) Për të përfunduar, spërkateni pjatën me farat e susamit të thekur dhe/ose me qepë të prera hollë.

h) Shërbejeni pulën me xham të sojës menjëherë, dhe për një goditje shtesë, merrni parasysh të shtoni një anë të specit djegës të freskët për një ekuilibër të përsosur shijesh.

61. Spageti kungull i njomë me topa perimesh

Bën: 4

PËRBËRËSIT
PËR KOFET:
- 1 filxhan thjerrëza
- 1 lugë gjelle vaj ulliri ekstra i virgjër + më shumë për t'u derdhur
- ½ qepë e kuqe e copëtuar
- 1 karotë të grirë
- 1 kërcell selino të grirë
- 1 thelpi hudhër të grirë
- ½ lugë çaji trumzë e tharë
- kripë dhe piper për shije
- 1 majë speca të kuq
- 1,5 lugë pastë domate
- 4 ons kërpudha të prera në feta
- 1 vezë + 1 e bardhë veze
- ¼ filxhan djathë parmixhano të grirë + më shumë për zbukurim
- ¼ filxhan majdanoz të freskët të grirë
- 2 lugë arra të grira hollë
- Për thërrimet e bukës bën rreth ¼ filxhan:
- 4 luge miell bajame
- 2 lugë ujë
- Për makaronat:
- 4 kunguj të njomë të mesëm
- 1,5 filxhan salcë domate të konservuar të preferuar Më pëlqen salca e borzilokut me domate Rao

UDHËZIME

a) Kombinoni thjerrëzat dhe 4 gota ujë në një tenxhere mesatare dhe vendosini të ziejnë në zjarr të lartë.

b) Ulni zjarrin në minimum dhe ziejini derisa thjerrëzat të jenë të buta, por të mos copëtohen, rreth 20 minuta. Kulloni thjerrëzat dhe lërini të ftohen.

c) Ndërkohë, shtoni vajin e ullirit në një tigan të madh dhe ziejini qepët, karotat, selinon, hudhrat, trumzën dhe i rregulloni me kripë dhe piper mbi nxehtësinë mesatare, duke i trazuar shpesh, për rreth 7 minuta, derisa perimet të jenë të buta dhe sapo të fillojnë. në kafe.

d) Shtoni pastën e domates dhe vazhdoni të gatuani duke e përzier vazhdimisht për 3 minuta.

e) Shtoni kërpudhat dhe gatuajeni, duke i përzier shpesh, për 15 minuta të tjera ose derisa të përthithet i gjithë lëngu.

f) Transferoni përzierjen në një tas të madh dhe lëreni të ftohet në temperaturën e dhomës. Kur të ftohet, shtoni thjerrëzat në përzierjen e perimeve.

g) Në një tas të vogël, shtoni miellin e bajameve dhe ujin dhe masazhojeni me duar derisa të bëhet brumë.

h) Vendoseni një tigan mesatar mbi nxehtësinë mesatare dhe pasi të nxehet, shtoni brumin, duke u copëtuar në copa me gishta. Thyejeni brumin me një lugë druri ose shpatull dhe lëreni të thekur deri sa të jetë e thërrmuar. Le menjanë.

i) Tek perimet dhe thjerrëzat e ftohura shtojmë vezët, parmixhanin, thërrimet e bukës së përgatitur, majdanozin dhe arrat dhe i përziejmë me dorë derisa të përfshihen plotësisht.

j) Vendoseni në frigorifer për 25 minuta. Ngroheni furrën në 400 gradë.

k) Hidhni vajin e ullirit në një enë pjekjeje dhe përdorni dorën për të lyer në mënyrë të barabartë të gjithë sipërfaqen. Le menjane.

l) Rrotulloni përzierjen në qofte të rrumbullakëta të madhësisë së topit të golfit (rreth 1 ½ inç), duke u siguruar që përzierjen e perimeve ta paketoni fort. Vendosni topat në enën e përgatitur për pjekje, në rreshta.

m) Piqini qoftet për 30 minuta, ose derisa qoftet të jenë të forta dhe të gatuhen. Lërini qoftet të ftohen për 5 minuta në enën e pjekjes përpara se t'i shërbeni.

n) Ndërkohë, kungull i njomë i lidhim në spirale me tehun D dhe i presim petët. Le menjane.

o) Dhjetë minuta para se qoftet të jenë pjekur, vendosim një tigan të madh në zjarr mesatar dhe pasi të nxehet, shtojmë gjysmën e petëve të kungujve. Gatuani për 3 minuta ose derisa të gatuhet sipas preferencave tuaja. Lërini mënjanë në një tas të madh përzierjeje dhe më pas gatuajini petët e mbetura të kungujve.

p) Ndërkohë vendosim një tenxhere mesatare mbi nxehtësinë mesatare dhe shtojmë salcën e domates. Gatuani që të nxehet, rreth 5 minuta. Vendoseni të ziejë derisa të jetë gati për t'u përdorur.

q) Pasi të jenë gatuar petët e kungujve, salca dhe qoftet, përgatitni tasat tuaja. Ndani kungull i njomë në katër tasa, sipër me salcë të barabarta dhe më pas sipër me 3 qofte secili. Spërkateni me djathë parmixhano.

62. Lazanja me perime të lehta

PËRBËRËSIT:
- 1 pako me fletë lazanja të gatuara paraprakisht
- 3 karota
- 1 kungull i njomë
- 1 patëllxhan
- 200 g kërpudha
- 200 gr spinaq
- 100 g djathë të grirë
- Vaj ulliri dhe kripë
- 200 g domate të skuqura
- 400 ml qumësht të skremuar
- 30 g miell

UDHËZIME:
a) Përgatisni beshamelin. Ngrohim 2 lugë vaj, shtojmë 30 gr miell dhe e heqim.

b) Derdhni qumështin e skremuar, në një fije, duke e trazuar derisa të trashet dhe aromatizoni.

c) Gatuani spinaqin. Lani spinaqin dhe ziejini në avull për disa minuta. I përziejmë me një pjesë të beshamelit dhe i rezervojmë.

d) Kaurdisni perimet, pastroni dhe lani karotat, kungulleshkat, patëllxhanin dhe kërpudhat.

e) Skuqini 2 të parat me një fije vaji. Më pas, shtoni patëllxhanin dhe kërpudhat, kaurdisni rreth 6 minuta ose më shumë, aromatizoni sipas shijes dhe përzieni gjithçka me salcën e domates së skuqur.

f) Mblidhni lazanjat — Gatuani makaronat duke ndjekur udhëzimet në paketim. Mbi një shtrat me spinaq me beshamel, vendosni shtresat e alternuara të lazanjave me makarona dhe perime me salcë domate.

g) E mbulojmë me beshamelin e mbetur, e spërkasim me djathin dhe e pjekim për rreth 20 minuta në furrën e parangrohur në 170°.

63. Lazanja me kungull i njomë

PËRBËRËSIT:

- 2 luge vaj ulliri
- 2 kunguj të mëdhenj
- 300 g mish viçi të bluar
- 2 qepë ose 1 qepë të kuqe
- 400 ml domate të situr
- 70 ml pure domate
- djathë i grirë me dorë
- 9 fletë lazanja të freskëta ose të gatuara paraprakisht
- Kripë dhe piper
- 1 lugë çaji rigon
- 1 lugë çaji trumzë

UDHËZIME:

a) Ngroheni furrën në 200 gradë. Lani dhe prisni kungull i njomë. Ngrohni vajin e ullirit brenda një tigani (skarë) dhe skuqni fetat e kungujve të njomë. I rregullojmë me kripë dhe piper. Pritini qepujt dhe më pas skuqini në një tigan me gjalpë.

b) Shtoni mishin e grirë dhe skuqeni për 5 minuta deri në kafe të artë. Shtoni purenë e domates dhe e rregulloni me piper, kripë, trumzë dhe rigon. Më pas shtoni domatet e situr. I lemë të ziejnë së bashku në zjarr të vogël për 10 minuta. Lyeni me yndyrë një enë pjekjeje ose një tepsi dhe bëni shtresa nga përzierja e grirë, fletët e lazanjës dhe kungull i njomë.

c) Përfundoni me një shtresë mishi të grirë të lyer me feta kungull i njomë. Spërkateni me djathin e grirë.

d) I pjekim lazanjat me kungull i njomë në furrën e nxehur për 35 minuta derisa të marrin ngjyrë kafe të artë.

64. Pulë gjahtari

Bën: 4

PËRBËRËSIT
- Fileto gjoks pule në paketë 650 g
- 12 kokrra proshutë të tymosur me vija
- 250 ml salcë Barbecue
- 2 x 240 g pako mocarela me yndyrë të reduktuar
- 2 lugë gjelle parmezan të grirë
- patate të skuqura dhe bizele të gatuara në furrë, për t'i shërbyer

UDHËZIME:
a) Ngroheni furrën në gaz 6, 200°C, ventilatorin 180°C. Sezoni gjokset e pulës, vendosini në një dërrasë dhe mbështillni 3 feta proshutë rreth çdo filetoje, duke u mbivendosur pak dhe duke u siguruar që skajet e proshutës të jenë nën pulën në mënyrë që të mos hapen.

b) Transferoni pulën në një enë pjekjeje dhe piqeni për 25-30 minuta derisa proshuta të jetë e freskët dhe pula të jetë gatuar. Hidhni sipër salcën e Barbecue dhe grijeni mocarelën.

c) Shpërndani me parmixhan, nëse përdorni, më pas piqini për 5-8 minuta derisa të marrin ngjyrë të artë dhe të marrin flluska. Shërbejeni me patate të skuqura dhe bizele, nëse dëshironi, me salcën e barbekju nga gjella e derdhur.

65. Gjoksi i rosës me kumbulla mirabelle

Bën: 4 racione

PËRBËRËSIT:
- 2 gjoks rosë
- 300 gr kumbulla
- 1 lugë çaji pule, kafe e bluar
- 3 ons raki kumbulle
- 50 g gjalpë të ftohtë
- Kripë dhe piper nga mulliri

UDHËZIME:
a) Lëreni Mirabelën të shkrihet në temperaturën e dhomës.
b) Hiqni pak yndyrë nga anët e gjoksit. Pritini lëkurën në copa kryq, duke përdorur një thikë të mprehtë.
c) I vendosim nga ana e lëkurës në një tigan të nxehtë, pa shtuar yndyrë. Gatuani për 6 minuta në zjarr të lartë.
d) I kthejmë nga ana tjetër dhe i ziejmë për 4 minuta. I lëmë të pushojnë në një pjatë të mbuluar me letër alumini.
e) Zbrazni yndyrën nga tava pa e fshirë. Hidhni kumbullat dhe gatuajeni për 2 deri në 3 minuta duke i trazuar. I largojmë nga tigani dhe i mbajmë të ngrohta. Zëvendësojeni me fundin e shpendëve të holluar në ujë dhe raki. Lërini të vlojnë duke qëruar lëngjet e gatimit me një lugë druri. Përziejini në copa të vogla gjalpi ndërsa përzieni.
f) Pritini gjoksin e rosës. Llokoçis lëngun në salcë. Përziejini.
g) Rendisim në pjata fetat e rosës së filetuar, hedhim salcën dhe shtojmë kumbullat.
h) Shërbejeni menjëherë.

66. Pulë me brokoli dhe salcë yuzu

Bën: 4 porcione

PËRBËRËSIT:
- 600 gr gjoks pule
- 800 gr brokoli
- Kripë
- 1 yuzu
- 2 thelpinj hudhre
- 3 kërcell majdanoz
- 2 lugë vaj susami
- Piper

UDHËZIME:
a) Shpëlajeni gjoksin e pulës nën ujë të ftohtë, thajeni dhe priteni në rripa.
b) Lani dhe pastroni brokolin, priteni në lule dhe ziejini në ujë të vluar dhe pak të kripur për rreth 5 minuta.
c) Shpëlajeni yuzu-n të nxehtë, thajeni, hiqni lëkurën dhe shtrydhni lëngun. Qëroni hudhrën dhe grijeni imët.
d) Lani majdanozin, tundni të thatë dhe copëtoni imët.
e) Ngrohni vajin e susamit brenda një tigani dhe skuqni në të rripat e gjelit të detit për 2-3 minuta derisa të marrin ngjyrë kafe të artë, i rregulloni me kripë dhe piper.
f) Shtoni lëngun yuzu dhe pak ujë sipas nevojës dhe shtoni brokolin, lëkurën e limonit dhe hudhrën.
g) E lemë të ziejë, shtojmë majdanozin dhe e rregullojmë sipas shijes.

67. Gjeli i detit me tarragon me mangeout dhe oriz të egër

Bën: 1 porcion

PËRBËRËSIT:
- 20 g përzierje orizi të egër
- Kripë
- Piper
- 40 g bizele sheqer
- 1 schnitzel gjeldeti (rreth 150 g)
- 1 thelpi i vogël hudhër
- 4 kërcell tarragon
- 1 lugë gjelle lëng limoni
- 1 luge vaj
- Manaferrat rozë për zbukurim

UDHËZIME:
a) Përgatitni orizin në ujë të vluar me kripë sipas udhëzimeve të paketimit.
b) Lani dhe pastroni mangeout.
c) Lani mishin dhe thajeni.
d) Qëroni hudhrën dhe grijeni imët.
e) Lani tarragonin, tundni të thatë dhe copëtoni imët.
f) Llokoçis hudhrën dhe tarragonin me lëng limoni - rregulloni me kripë dhe piper.
g) Kthejeni mishin në marinadë. Ngrohni vajin në një tigan të vogël. Skuqini mishin nga secila anë për rreth 2 minuta mbi nxehtësinë mesatare, mbajeni të ngrohtë.
h) Kthejeni mangeout në yndyrë të skuqur. Lyejeni me 75 ml ujë. Përafërsisht ziejini për 5 minuta, shtoni kripë dhe piper.
i) Kulloni orizin.

j) Rregulloni eskalopën e gjelit të detit me mangeout dhe oriz në një pjatë dhe zbukurojeni me piper rozë.

SALATA DHE ANËT

68. Salmon i tymosur i mbushur me sallatë ruse

PËRBËRËSIT:

- 300 g salmon të tymosur
- 2 ose 3 patate
- 2 karota
- 100 g bizele të ngrira
- 100 g bishtaja
- 3 vezë
- 200 ml vaj ulliri të butë
- $\frac{1}{2}$ limon
- Kripë dhe piper
- 8 gjethe marule rome
- qiqra

UDHËZIME:

a) Gatuani perimet nga sallata. Qëroni karotat dhe patatet, i lani dhe i prisni në kubikë. Lani, bluajini dhe copëtoni bishtajat.

b) Ziejini karotat në ujë të bollshëm me kripë për 15 minuta. Shtoni patatet dhe ziejini për 7 minuta të tjera.

c) Shtoni bishtajat dhe më pas vazhdoni zierjen edhe 3 minuta. Në fund shtoni bizelet, ziejini edhe 5 minuta dhe kulloni të gjitha perimet.

d) Ziejini vezët dhe bëni majonezën. Nga ana e parë, ziejini 2 vezë për 10 minuta në ujë me kripë. I freskoni, i qëroni dhe i grini. Dhe nga ana tjetër rrihni vezën e mbetur me lëngun e gjysmës së limonit, kripën dhe piperin dhe më pas shtoni vajin në një fije dhe rrihni derisa të përftohet një majonezë e trashë.

e) Bëni sallatën dhe mbushni salmonin. Së pari, përzieni perimet e ziera dhe vezët e ziera të grira me majonezë.

Dhe përziejini derisa të përfshihen mirë. Dhe më pas, shpërndani sallatën në fetat e salmonit dhe rrotulloni ato.

f) Mblidhni pjatën dhe shërbejeni. Në fund, lani dhe kullojeni marulen. E presim në julienne dhe e ndajmë në 4 pjata. Sipër i radhisim rolet dhe i shërbejmë të spërkatura me qiqrat e grira.

69. Sallatë me asparagus dhe gjizë

PËRBËRËSIT:
- 2 tufa me asparagus jeshil
- 150 g domate qershi
- 100 g gjizë
- 30 g arra të qëruara
- 30 g misër të thekur
- 20 g fara luledielli të qëruara
- 2 lugë gjelle uthull
- 4 lugë vaj ulliri
- Piper dhe kripë

UDHËZIME:
a) Pastroni asparagun. Së pari, lani shpargujt nën rrjedhën e ujit të ftohtë, hiqni pjesën më të fortë të kërcellit dhe pritini në copa të së njëjtës madhësi.

b) Vendosni ujin të ziejë dhe gatuajeni. Ndërsa përgatitni shpargujt, zieni në një tavë me ujë të bollshëm me kripë, shtoni dhe ziejini për 10 minuta derisa të jenë të buta, por të plota.

c) Ndërprerja e gatimit. Pasi të jenë d1 i heqim me një lugë të prerë dhe i zhysim për disa çaste në një enë me ujë akull që të mos zihet më. Në këtë mënyrë, ata do të ruajnë ngjyrën e tyre të gjelbër intensive. Dhe më pas, kullojini ato përsëri për të hequr të gjithë ujin.

d) Përgatitni pjesën tjetër të përbërësve. Lani domatet, thajini me letër thithëse dhe i prisni në gjysmë. Kullojmë gjizën dhe e thërrmojmë. Dhe arrat i presim në copa të vogla.

e) Bëni vinegrette. Rregulloni uthullën në një enë. Shtoni pak kripë dhe një tjetër piper dhe hidhni pak nga pak vajin, duke vazhduar rrahjen me pirun, derisa të përftoni një vinegrette të emulsifikuar mirë.

f) Shpërndani shpargujt në 4 enë. Shtoni domatet, gjizën e grirë dhe arrat e grira. Visheni me vinegretën e mëparshme.

g) Dhe zbukurojeni me fara luledielli dhe misër të thekur.

70. Spinaq dhe perime mango

Bën: 4 porcione

PËRBËRËSIT:
- 750 g gjethe të reja spinaqi
- 2 qepë të pranverës
- 2 mango të pjekura
- 2 lugë gjelle vaj mikrob
- 1 copë xhenxhefil
- 2 lugë fara luledielli
- 20 gr amaranti bie
- Kripë
- spec i kuq

UDHËZIME:
a) Spinaqin e rrotulloni tërësisht, e tjerrni të thatë dhe të pastër.
b) Qëroni mangon. Prisni mishin nga st1 dhe e prisni në kubikë rreth 1 cm në madhësi.
c) Ngrohni 1 lugë vaj në një tenxhere dhe skuqni qepët e pranverës për rreth 5 minuta në zjarr mesatar. Shtoni spinaqin dhe gatuajeni të mbuluar; Ziejini për 5 minuta.

d) Shtoni kubet e mangos, xhenxhefilin dhe lëngun e xhenxhefilit në spinaq dhe mbulojeni, ngrohni në nxehtësi mesatare për rreth 3 minuta.
e) Ngrohni pjesën tjetër të vajit brenda një tigani që nuk ngjit. Piqini farat e luledjellit në zjarr të ngadaltë për 3-4 minuta, shtoni amarantin dhe ngrohni pak.
f) Perimet e spinaqit dhe mangos i rregullojmë me kripë dhe i rregullojmë në një pjatë. Spërkatini farat e pjekura

të lulediellit dhe amarantin me piper kajen dhe spërkatini me perimet.

71. Lakër meli sallatë

PËRBËRËSIT:
- ⅓ filxhan filxhan meli
- ½ filxhan kikirikë të ziera/bizele të konservuara
- 1 djegës jeshil
- 1 lugë çaji Xhenxhefil i grirë
- 1 lugë qepë e grirë
- 1,5 lugë gjelle domate të grira
- 3 lugë piper zile të grirë
- ½ filxhan karotë të grirë
- Lëng limoni
- 1 lugë gjelle Cilantro të copëtuar
- ¼ lugë çaji kripë e zezë
- ½ lugë çaji kripë me erëza

UDHËZIME
a) Në një enë për përzierje shtoni kikirikët e ziera dhe të ftohur.
b) Shtoni pjesën tjetër të perimeve të përgatitura.
c) Shtoni kripën, gjethet e koriandrit dhe shtrydhni mbi të lëngun e freskët të limonit.
d) Në fund shtoni filizat e melit të përziera të gjitha së bashku dhe shërbejini menjëherë.

72. Sallatë me fasule të kuqe me guacamole

Bën: 4 porcione

PËRBËRËSIT:
- 1 domate (e mesme)
- 1 qepë (gjysmë qepë vjollcë)
- 1 piper i kuq (mesatar)
- 1 majë piper
- 1 Limon
- 1 majë kripë
- 1 piper jeshil
- 250 gram fasule azuki, tashmë të gatuara
- 1 lugë gjelle vaj ulliri ekstra të virgjër
- 1 Guacamole e freskët
- 1 filxhan i vogël misër i ëmbël në një kanaçe

UDHËZIME:
a) Përgatisim sallatën duke përzier të gjithë përbërësit e grirë me fasulet e lara dhe të kulluara më parë.
b) Visheni me lëng limoni dhe vaj dhe rregulloni me kripë dhe piper.
c) Shërbejeni sallatën me guacamole dhe tost me bukë të thekur.

73. Sallatë me fasule jeshile-verdhë me qepë të kuqe

Bën: 4 porcione

PËRBËRËSIT:
- 3 gota fasule të përziera, të prera në të tretat
- 2 qepë të vogla të kuqe
- 5-6 lugë uthull balsamike
- 1 lugë gjelle sheqer
- 3 lugë vaj ulliri
- Kripë
- Piper
- Manaferrat e kuq

UDHËZIME:
a) Pastroni dhe lani fasulet.
b) Gatuani fasulet në ujë të vluar për 5-7 minuta.
c) Kullojini dhe skuqini të ftohtë.
d) Qëroni qepët, përgjysmoni dhe prisni në feta të holla.
e) Përzieni uthullën dhe sheqerin. Hidhni vajin në një rrjedhë të hollë - rregulloni me kripë dhe piper.
f) Shtoni qepët dhe përzieni mirë.
g) Përzieni vinegrette me fasulet.
h) Mbulojeni dhe lëreni të ftohet për rreth 1 orë.
i) E rregullojmë sërish sallatën me kripë, piper dhe uthull.
j) Shërbejeni në një pjatë dhe spërkatni me manaferrat e kuqe.

74. Raketë me mango, avokado dhe domate qershi

Bën: 4 racione

PËRBËRËSIT
- 3 grushte raketa/rukola
- 7 ons domate qershi
- 1 mango e pjekur
- 2 avokado të pjekura

PËR VINEGRETTE
- 1 lugë gjelle lëng limoni
- 2 luge uthull
- 2 lugë vaj vegjetal
- 2 lugë vaj ulliri
- 1 lugë çaji mjaltë
- 1 lugë çaji mustardë mesatare të nxehtë
- kripë
- speca të sapo bluar

UDHËZIME:
a) Për vinegrette, përzieni lëngun e limonit me uthullën dhe dy vajrat.
b) Shtoni mjaltin dhe mustardën, rrihni për t'u kombinuar dhe shijoni me kripë dhe piper.
c) Shpëlajeni dhe thajeni rukolën. Lani dhe përgjysmoni domatet. Qëroni mangon, hiqni frutat nga guri dhe prisni imët.
d) Përgjysmoni avokadon dhe hiqni farat. Hiqni frutat nga guaska dhe pritini në kubikë.
e) Përziejini të gjithë përbërësit e përgatitur të sallatës në një tas. Spërkateni me salcë dhe shërbejeni.

75. Sallatë me patëllxhanë me grill me spinaq

Bën: 4

PËRBËRËSIT:
- 1 copë patëllxhan të prerë dhe të prerë në feta
- $\frac{1}{8}$ filxhan vetëm me gjethe nenexhiku
- $\frac{1}{2}$ tufë vetëm me gjethe majdanozi
- 1 lugë gjelle rigon
- $\frac{1}{4}$ filxhan domate të dehidratuara të prera në të tretat
- 4 gota spinaq të freskët për bebe
- 2 thelpinj hudhra, të grira imët, për salcë
- 1 lugë gjelle tahini për salcë
- $\frac{1}{2}$ lugë gjelle paprika për salcë
- 1 copë lëng limoni, për salcë
- 1 lugë gjelle vaj ulliri për salcë
- 1 majë kripë për salcë
- $\frac{1}{4}$ filxhan djathë feta të grimcuar

UDHËZIME:
a) Ngrohni një skarë mbi nxehtësinë e lartë; Grini patëllxhanin në skarë derisa të formohen shenjat klasike të skarës. Hiqni dhe rezervoni

b) Në një enë përzieni patëllxhanin me gjethet e mentes, majdanozin, rigonin, domatet e dehidratuara dhe spinaqin.

c) Në një enë përzieni hudhrën, tahinin, paprikën, limonin dhe vajin e ullirit me rrahjen e tullumbaceve dhe i rregulloni sipas dëshirës tuaj.

d) Përzieni sallatën me salcë dhe spërkatni sipas dëshirës tuaj me djathin feta.

76. Sallatë me patate

Bën: 4 porcione

PËRBËRËSIT:
- 1 kg patate blu
- 200 g panxhar
- Kripë
- Piper
- 2 tufa qepe
- 250 g salcë kosi
- 5 lugë gjelle uthull vere të bardhë
- 2 tufa me rrepka
- $\frac{1}{4}$ shtrat kreshtë
- $\frac{1}{4}$ Panxhar

UDHËZIME:
a) Lani mirë patatet dhe panxharin dhe ziejini në ujë të bollshëm me kripë për rreth 15 minuta.
b) Lani qepët e freskëta, pastroni dhe pritini në rripa të hollë.
c) Vendosni qepët e pranverës në ujë me akull në mënyrë që të rrotullohen.
d) Përzieni salcë kosi dhe uthull - rregulloni me kripë dhe piper.
e) Kullojini patatet, i hiqni, i qëroni dhe i prisni përafërsisht.
f) Lani panxharin me ujë të ftohtë, qëroni dhe priteni në feta të holla.
g) Lani mirë rrepkat, pastroni dhe çerekizoni.
h) Përzieni patatet, panxharin, qepët dhe rrepkat me salcë.
i) Rregullojini në tasa. Spërkateni me lakërishtë.

77. Sallatë domate me kubikë avokado

Bën: 4 porcione

PËRBËRËSIT:
- 750 gr domate jeshile dhe të kuqe, të prera në feta
- Raketë 100 g
- 2 qepë të kuqe, të prera në feta
- 2 avokado të pjekura, të përgjysmuara dhe të prera në feta
- 2 lugë gjelle lëng limoni
- 3 lugë fara luledielli
- 4 luge uthull balsamike
- 1 lugë çaji sheqer
- 4 lugë vaj ulliri
- Kripë
- Piper

UDHËZIME:
a) Qëroni dhe prisni gjysmat e avokados. Lyejeni tulin me lëng limoni.
b) Për të pjekur farat e luledielit në një tigan pa yndyrë, hiqini.
c) Përzieni uthullën dhe sheqerin.
d) Hidhni vajin në një rrjedhë të hollë.
e) I rregullojmë me kripë dhe piper.
f) Përzieni domatet, qepët, raviolin dhe avokadon me vinegrette.
g) Rregulloni sallatën në pjata dhe spërkateni me farat e luledielit.

SUPPA DHE MEZE

78. Zierje e lehtë me thjerrëza

PËRBËRËSIT:

- 250 g thjerrëza në ngjyrë kafe
- 1 kungull i njomë
- 2 karota
- 1 qepë
- 1 thelpi hudhër
- 1 gjethe dafine
- 2 domate me degë të vogla
- 1 copë xhenxhefil
- 3 lugë çaji vaj ulliri
- 2 degë koriandër ose majdanoz
- Kripë dhe piper

UDHËZIME:

a) Përgatitni perimet. Fillimisht qëroni qepën dhe hudhrën dhe i prisni. Më pas, qëroni xhenxhefilin dhe e prisni shumë imët. Dhe ne fund qerojme karrotat, lajme kungulleshkat, i largojme dhe i presim ne kubik.

b) Kaurdisni perimet. Ngrohni 2 lugë çaji vaj në një tavë, shtoni gjysmën e qepës dhe hudhrës dhe gatuajeni për rreth 3 ose 4 minuta ose më shumë. Më pas shtoni xhenxhefilin, gjethen e dafinës, karotën dhe kungull i njomë dhe kaurdisni pak.

c) Gatuani thjerrëzat. Pasi kaverdisni perimet, shtoni thjerrëzat. Mbulojeni me ¾ litër (750 ml) ujë dhe ziejini në zjarr të ulët për 45 minuta derisa thjerrëzat të zbuten dhe ruajini.

MBLEDHJENI PJATËN

d) Në fund lani domatet dhe grijini ato. I përziejmë me pjesën tjetër të qepës dhe hudhrës dhe i rregullojmë me kripë, piper dhe vajin e mbetur. Thjerrëzat i ndajmë në 4 enë ose enë dhe i shtojmë hashin e domates dhe disa gjethe koriandër ose majdanoz.

e) Dhe nëse dëshironi një version të freskët dhe ultra të shpejtë, në vend që të zieni thjerrëzat, mund t'i blini të gatuara tashmë dhe të bëni një sallatë.

f) Perimet duhet t'i kaurdisni pak, por jo shumë që të mbeten al dente. Dhe i përziejmë me thjerrëzat tashmë të gatuara dhe të kulluara dhe hashin e domateve.

79. Supë me perime dhe quinoa

Bën: 2 racione

PËRBËRËSIT:
- 1 kungull i njomë i madh
- 2 karota të mesme;
- ½ mandioquinha
- 4 lulelakër lulesh
- ½ domate
- 4 gota ujë
- 1 qepë
- 3 lugë gjelle quinoa
- Vaj ulliri ekstra i virgjer
- Kripë

UDHËZIME:
a) Gatuani gjithçka në ujë dhe kripë, kungull i njomë, karota, mandioquinha, lulelakër, domate dhe qepë.
b) Kur gjithçka të jetë gatuar, është koha për të shtuar quinoan e grumbulluar.
c) Hiqeni nga zjarri, lyeni fileton me vaj ulliri dhe shërbejeni menjëherë.

80.Supë dobësimi me pulë dhe fasule

Bën: 8

PËRBËRËSIT:
- 200 gr gjoks pule
- Kripë
- 1 qepë e madhe e grirë
- 1 lugë çaji vaj ulliri
- 2 thelpinj hudhre, te grira
- 2 gota domate qershi të grira
- 2 karota të grira
- 1 piper jeshil i grire
- 1 piper i grire
- 1 lugë spec djegës pluhur
- 1 ½ lugë çaji qimnon
- 1 lugë çaji shafran i Indisë
- 1 lugë çaji paprika
- ¼ lugë çaji rigon të tharë
- 4 gota lëng pule me pak natrium
- 2 gota misër
- 500 gr fasule te zeza te lara dhe te kulluara
- 1 filxhan koriandër të freskët
- 1 filxhan djathë

UDHËZIME:
a) Gatuani gjoksin e pulës në një tigan të mbushur me ujë mbi nxehtësinë mesatare në të lartë për 10 deri në 15 minuta; Copëtojeni atë.

b) Hidhni vajin e ullirit në një tenxhere të madhe dhe ngrohni në nxehtësi mesatare.

c) Shtoni qepën dhe hudhrën për rreth 5 deri në 8 minuta ose derisa qepa të jetë e tejdukshme.

d) Vendosni domatet, karotat, specat dhe i përzieni mirë në blender ose në procesorin e ushqimit.

e) Shtoni erëzat dhe një lugë çaji në tiganin e hapit 3. Shtoni pulën e grirë, përzierjen e hapit 4, misrin, fasulet dhe 2/4 e filxhanit cilantro. Nëse supa ju duket shumë e trashë, vendosni ujë.

f) Gatuani me tigan të mbuluar pjesërisht për 30 minuta deri në një orë, derisa misri të mbetet i butë.

g) Shërbejeni supën të zbukuruar me djathë dhe pjesën tjetër të koriandërve.

81. Patate dhe supë

Bën: 6

PËRBËRËSIT
- 2 kilogramë patate të reja
- 6 gota ujë
- 6 bujone viçi

UDHËZIME:
a) Shtoni patatet në ujin e vluar.
b) Shtoni lëngun dhe ziejini në temperaturë të ulët për 1 orë.

82. Supë me lulelakër me shafran të Indisë

Bën: 4

PËRBËRËSIT
- 3 thelpinj hudhre, te grira
- 3 lugë vaj farash rrushi
- $\frac{1}{8}$ lugë gjelle thekon spec të kuq të grimcuar
- 1 lugë shafran i Indisë
- $\frac{1}{4}$ filxhan qumësht kokosi të plotë
- 6 gota me lulelakër lulesh
- 1 lugë qimnon pluhur
- 1 llambë qepë ose kopër, e grirë
- 3 gota supë perimesh

UDHËZIME:
a) Përziejini dhe ziejini në temperaturë të ulët për 1 orë.

83. Supë hangover me tenxhere

Bën: 6

PËRBËRËSIT
- 16 ons kanaçe lakër turshi; shpëlarë
- 2 feta proshutë, të gatuara
- 4 gota lëng mishi
- ½ kile sallam polak; të prera dhe të gatuara
- 1 qepë; i copëtuar
- 1 lugë çaji farë qimnoni
- 2 domate; i copëtuar
- 1 piper zile; i copëtuar
- 2 kërcell selino; feta
- 2 lugë çaji paprika
- 1 filxhan kërpudha, të prera në feta
- ½ filxhan salcë kosi

UDHËZIME:
a) Kombinoni përbërësit në një tenxhere.
b) Gatuani për 1 orë në temperaturë të ulët.

84. Supë gjermane me patate

Bën: 6

PËRBËRËSIT :
- 6 gota ujë
- 3 gota patate të qëruara të prera në kubikë
- $1\frac{1}{4}$ filxhan selino të prerë në feta
- $\frac{1}{2}$ lugë çaji kripë
- $\frac{1}{2}$ filxhan qepë, të prerë në kubikë
- $\frac{1}{8}$ lugë çaji piper

PIKA E qoftes:
- $\frac{1}{2}$ lugë çaji kripë
- 1 vezë e rrahur
- $\frac{1}{3}$ filxhan ujë
- 1 filxhan miell për të gjitha përdorimet

UDHËZIME:
a) Përziejini 6 përbërësit e parë duke përdorur një tenxhere dhe ziejini në temperaturë të ulët për rreth 1 orë derisa të zbuten.
b) Hiqni dhe grijini perimet

PËR Simitet:
c) Përzieni miellin, ujin, kripën dhe vezën.
d) Spërkateni mbi supën e nxehtë.
e) Gatuani për rreth 15 minuta.

ËSHTËRTI

85. Tortë me erëza me raven përmbys

PËRBËRËSIT:
PËR SIPERIN:
- 1 paund (450 gram) raven, i prerë
- 3/4 filxhan (150 gram) sheqer të grimcuar
- Lëkura e grirë imët nga një gjysmë limoni
- 4 lugë gjelle (2 ons ose 55 gram) gjalpë pa kripë (i ftohtë është mirë)
- Dy majë kripë

PËR tortën:
- 6 lugë gjelle (85 gram) gjalpë pa kripë, i zbutur
- 2/3 filxhan (125 gram) sheqer kafe të lehtë ose të errët
- 1/4 filxhan (50 gram) sheqer të grimcuar
- 2 vezë të mëdha
- 1/2 lugë çaji ekstrakt vanilje
- 2 lugë çaji pluhur pjekjeje
- 1/4 lugë çaji kripë deti të imët
- 1 lugë çaji kanellë të bluar
- 1/2 lugë çaji xhenxhefil të bluar
- 1/8 lugë çaji karafil të bluar
- Disa grila arrëmyshk të freskët
- 1/2 filxhan (120 ml) dhallë
- 1 1/2 filxhan (195 gram) miell për të gjitha përdorimet

UDHËZIME:
a) Ngrohni furrën tuaj në 350°F (175°C).
PËRGATITNI SHUMËSIN E RURBARIVE:
b) Në një tigan të papërshkueshëm nga furra 10 inç, shkurtojeni raven që të përshtatet në pjesën e poshtme në një drejtim, duke i prerë disa pjesë më të shkurtra dhe duke i lënë disa më të larta.

c) Pritini çdo kërcell raven për së gjati në shirita të hollë (rreth 1/4 inç të trashë). Nëse raven është tashmë e hollë, mund ta përgjysmoni secilën pjesë për së gjati.
d) Hidhni sheqer në tigan dhe shtoni lëkurën e limonit; përdorni gishtat për të përzier lëkurën me sheqer.
e) Shtoni gjalpin e ftohtë dhe pak kripë. Nxehni tiganin në zjarr mesatar derisa gjalpi të shkrihet, duke e përzier shpesh.
f) Shtoni revanin e prerë në feta dhe gatuajeni, duke e kthyer butësisht, për 3 deri në 4 minuta derisa të zbutet pak dhe të lëshojë pak lëng. Hiqeni tiganin nga zjarri dhe lëreni mënjanë.

BËJNI BRUKËN E tortës me erëza:

g) Në një tas të madh, rrahim gjalpin e zbutur dhe të dy sheqernat së bashku derisa masa të bëhet e lehtë dhe me gëzof.
h) Shtoni vezët një nga një duke i rrahur derisa të bashkohen mirë. Më pas, përzieni ekstraktin e vaniljes.
i) Spërkateni masën me pluhur pjekjeje, kripë dhe të gjitha erëzat. Rrihni mirë që të bashkohen plotësisht.
j) Hidhni dhallën; përzierja mund të duket e gjizë, por kjo është në rregull.
k) Grini enën dhe shtoni miellin për të gjitha përdorimet. Rrihni derisa mielli të përfshihet plotësisht.

MBLEDHNI tortën:

l) Kontrolloni bazën e ravenit për t'u siguruar që pjesët janë rregulluar ashtu siç dëshironi.
m) Hidhni lugë nga brumi i tortës mbi përzierjen e ravenit dhe lëmoni sipër sa më mirë që të mundeni. Përzierja me raven do të jetë mjaft e lagësht, por mos u shqetësoni; do të jetë e barabartë gjatë pjekjes.

n) Piqni tortën për rreth 35 minuta, ose derisa një kruese dhëmbësh e futur thellë në tortë (jo sipërfaqja) të dalë pa u ngjitur në të.

o) Hiqeni tiganin nga furra dhe lëreni të ftohet për 5 minuta.

p) Vëreni një thikë rreth skajeve për të liruar tortën.

q) Vendosni një pjatë më të madhe me kokë poshtë mbi tigan dhe përdorni dorezat e furrës për ta kthyer tortën në pjatë. Nëse ndonjë raven ngjitet në tepsi ose rrëshqet anash, thjesht kthejeni atë në majë të tortës.

r) Shërbejeni tortën me erëza me raven përmbys të ngrohtë ose në temperaturën e dhomës.

s) Ky kek mund të ruhet për disa ditë në temperaturën e dhomës ose deri në një javë në frigorifer.

86. Tortë me djathë Nju Jork

PËRBËRËSIT:
KORJA E THURMAVE:
- 8 ons (15 fletë) krisur ose biskota graham të grira imët
- 8 lugë gjelle (1 shkop ose 4 ons) gjalpë pa kripë, i shkrirë
- 1/2 filxhan sheqer
- 1/4 lugë çaji kripë

MBUSHJE SHUMË E GJITHË E ËSHTËKELIT:
- 5 pako (8 ons) krem djathi, i zbutur
- 1 3/4 filxhan sheqer
- 3 lugë miell për të gjitha përdorimet
- 1 lugë çaji lëkure limoni të grirë imët
- 1 lugë çaji lëvore portokalli të grira imët
- 5 vezë të mëdha
- 2 te verdha veze te medha
- 1/2 lugë çaji ekstrakt vanilje

SHUMË ME qershi:
- 10 ons qershi të ëmbla ose të tharta, të papastërta (të freskëta ose të ngrira)
- 2 lugë lëng limoni
- 1/4 filxhan sheqer (rregulloni sipas shijes)
- 1 lugë niseshte misri
- 1/2 filxhan ujë

UDHËZIME:
KORJA E THURMAVE:
a) Përziejini së bashku përbërësit e kores dhe shtypni përzierjen në fund dhe lart në anët e një tigani të lyer me gjalpë 9 1/2 inç në formën e pranverës. Lëreni rreth një inç larg buzës së sipërme.

b) Mund ta futni koren në frigorifer për t'u vendosur gjatë përgatitjes së mbushjes.

MBUSHJE SHUMË E GJITHË E ËSHTËKELIT:

c) Ngrohni furrën në 550°F.

d) Rrihni së bashku kremin e djathit, sheqerin, miellin, lëkurën e limonit dhe lëkurën e portokallit me një mikser elektrik derisa të jenë të lëmuara.

e) Shtoni vaniljen, më pas vezët dhe të verdhat, një nga një, duke i rrahur me shpejtësi të ulët derisa çdo përbërës të përfshihet plotësisht. Fërkoni tasin poshtë midis shtesave.

f) Vendoseni tavën me kore brenda një tave të cekët për pjekje për të kapur pikimin. Hidhni mbushjen në kore (tepsia do të mbushet plotësisht).

g) Piqeni në mes të furrës për 12 minuta ose derisa të fryhet. Vëzhgoni me kujdes tortën, pasi disa furra mund të skuqen shpejt sipër.

h) Uleni temperaturën e furrës në 200°F dhe vazhdoni pjekjen derisa torta të jetë kryesisht e fortë. Qendra do të jetë ende pak e lëkundur kur tronditet lehtë, gjë që kërkon rreth një orë shtesë.

i) Vëreni një thikë rreth skajit të sipërm të tortës për ta liruar atë. Lëreni tortën të ftohet plotësisht në tepsi në një raft dhe më pas vendoseni në frigorifer për të paktën 6 orë.

SHUMË ME qershi (OPSIONAL):

j) Vendosni të gjithë përbërësit e majës së qershisë në një tenxhere mesatare. Lëreni të vlojë dhe gatuajeni edhe për 1-2 minuta të tjera. Hiqeni nga zjarri dhe lëreni të ftohet plotësisht.

k) Hiqni anën e tavës në formë susta dhe transferojeni cheesecake-un në një pjatë. Nëse është e nevojshme, shkurtoni pjesën e sipërme për ta bërë atë të sheshtë.

l) Përhapeni majën e qershisë (nëse përdorni) mbi cheesecake-un e ftohur.

m) Receta origjinale sugjeron ta çoni tortën në temperaturën e dhomës përpara se ta shërbeni, por nuk është e nevojshme.

n) Torta me djathë mund të mbulohet dhe të ftohet deri në 2 javë.

87. Akullore me mjedër

PËRBËRËSIT:

- 500 gr mjedra shumë të pjekura
- 1 filxhan krem gatimi
- 235 gr sheqer

UDHËZIME:

a) Të gjithë përbërësit i vendosim në blender derisa të arrijmë teksturën e dëshiruar dhe më pas i vendosim në frigorifer në një kallëp silikoni.

b) Lëreni për të paktën 30 minuta.

88. Mjedër dhe çokollatë e bardhë Kupat

PËRBËRËSIT:

- 200 gr çokollatë e bardhë
- 1 filxhan krem gatimi
- 500 gr reçel me mjedër

UDHËZIME:

a) Shkrini çokollatën e bardhë në një bain-marie dhe më pas shtoni kremin.

b) Rrihni mirë në mënyrë që të mbeteni me teksturën e kremit të shllagës.

c) Alternoni një shtresë me reçelin e mjedrës dhe më pas kremin në një gotë derisa të përfundoni përbërësit.

89. Sallatë frutash gustator dhe akullore

PËRBËRËSIT:

- 1 pjeshkë, e prerë në feta të vogla
- 1 lugë akullore me shije që ju pëlqen
- 3 luleshtrydhe ose 5 mjedra të prera në feta të vogla

UDHËZIME:

a) Shtroni frutat në një tas me topin e akullores në mes, dhe luleshtrydhet ose mjedrat përreth.

90.banane , granola dhe kokrra të kuqe

Bën: 2

PËRBËRËSIT:
- 1 lugë gjelle sheqer ëmbëlsirash
- ¼ filxhan granola me pak yndyrë
- 1 filxhan luleshtrydhe të prera në feta
- 1 banane
- Jogurt grek me ananas pa yndyrë 12 ons
- 2 lugë çaji ujë të nxehtë
- 1 lugë gjelle kakao, pa sheqer

UDHËZIME:
a) Shtroni ⅓ filxhan kos, ¼ filxhan luleshtrydhe të prera në feta, ¼ filxhan banane të prera në feta dhe 1 lugë gjelle granola në një gotë parfait.

b) Kombinoni kakaon, sheqerin e ëmbëlsirave dhe ujin derisa të jetë e qetë.

c) Shij shiu mbi çdo parfait.

91.Boronica dhe pjeshkë e freskët

Bën: 8

PËRBËRËSIT:

- 6 gota pjeshkë të freskëta, të qëruara dhe të prera në feta
- 2 gota boronica të freskëta
- ⅓ filxhan plus ¼ filxhan sheqer kafe të hapur (mbajeni të ndarë)
- 2 luge miell bajame
- 2 lugë çaji kanellë , të ndara
- 1 filxhan tërshërë që gatuhet shpejt
- 3 lugë margarinë vaj misri

UDHËZIME:

a) Ngroheni furrën në 350 gradë Fahrenheit.
b) Kombinoni boronica dhe pjeshkë në një enë pjekjeje.
c) Kombinoni ⅓ filxhan sheqer kaf, miell dhe 1 lugë çaji kanellë .
d) Hidhni pjeshkët dhe boronica për t'i kombinuar.
e) Përzieni tërshërën, sheqerin kaf të mbetur dhe kanellën e mbetur .
f) Pritini në margarinë derisa të bëhet i thërrmueshëm, më pas spërkatni frutat.
g) Piqeni për 25 minuta .

92. Akullore kungull pa sheqer

Bën: 6

PËRBËRËSIT:
- 15 ons pure kungulli të bërë në shtëpi
- ½ filxhan hurma, të grira dhe të grira
- 2 kanaçe (14 ons) qumësht kokosi pa sheqer
- ½ lugë çaji ekstrakt organik vanilje
- 1½ lugë çaji erëz byreku me kungull
- ½ lugë çaji kanellë të bluar

UDHËZIME:
a) Përziejini të gjithë përbërësit derisa të jenë të qetë.
b) Ngrijë deri në 2 orë.
c) Hidheni në një aparat akulloreje dhe përpunoni.
d) Ngrijeni edhe 2 orë të tjera përpara se ta shërbeni.

93. Ëmbëlsirë me fruta të ngrira

Bën: 6

PËRBËRËSIT:
- 14 ons kanaçe me qumësht kokosi
- 1 filxhan copa ananasi të ngrira, të shkrira
- 4 gota feta bananeje të ngrira, të shkrira
- 2 lugë gjelle lëng limoni të freskët
- majë kripë

UDHËZIME:
a) Rrini një tavë qelqi me mbështjellës plastik.
b) Përziejini të gjithë përbërësit derisa të jenë të qetë.
c) Tavën e përgatitur e mbushim në mënyrë të barabartë me masën.
d) Para se ta shërbeni, ngrini për rreth 40 minuta.

94.Puding me avokado

Bën: 4

PËRBËRËSIT:
- 2 gota banane, të qëruara dhe të prera
- 2 avokado të pjekura, të qëruara dhe të prera
- 1 lugë çaji lëvore gëlqereje, e grirë hollë
- 1 lugë çaji lëvore limoni, e grirë hollë
- ½ filxhan lëng limoni të freskët
- ⅓ filxhan mjaltë
- ¼ filxhan bajame, të copëtuara
- ½ filxhan lëng limoni

UDHËZIME:
a) Përziejini të gjithë përbërësit deri sa të qetë.
b) Hidheni shkumën në 4 gota për servirje.
c) Lëreni në frigorifer për 2 orë para se të shërbeni.
d) E zbukurojmë me arra dhe e shërbejmë.

95.Sufle me luleshtrydhe

Bën: 6

PËRBËRËSIT:
- 18 ons luleshtrydhe të freskëta, të qëruara dhe të bëra pure
- ⅓ filxhan mjaltë të papërpunuar
- 5 të bardha veze organike
- 4 lugë çaji lëng limoni të freskët

UDHËZIME:
a) Ngrohni furrën tuaj në 350°F.
b) Në një tas, bashkoni purenë e luleshtrydheve, 3 lugë gjelle mjaltë, 2 proteina dhe lëngun e limonit dhe pulsoni derisa të bëhet me gëzof dhe i lehtë.
c) Në një enë tjetër, shtoni proteinat e mbetura dhe rrihni derisa të bëhen me gëzof.
d) Përzieni me mjaltin e mbetur .
e) Përziejini butësisht proteinat në përzierjen e luleshtrydheve.
f) Transferoni masën në mënyrë të barabartë në 6 ramekin dhe në një tepsi.
g) Gatuani për rreth 10-12 minuta.
h) Hiqeni nga furra dhe shërbejeni menjëherë.

96. Brownies pikante me kungull i njomë

Bën: 20

PËRBËRËSIT:
- 1½ filxhan kungull i njomë, i grirë në rende
- 1 filxhan patate të skuqura çokollatë të zezë
- 1 vezë
- 1 filxhan gjalpë bajame
- ⅓ filxhan mjaltë të papërpunuar
- 1 lugë çaji pluhur pjekjeje
- 1 lugë çaji kanellë të bluar
- ½ lugë çaji arrëmyshk i bluar
- 1 lugë çaji ekstrakt vanilje

UDHËZIME:
a) Ngrohni furrën tuaj në 350°F dhe përgatisni një enë pjekjeje.
b) Kombinoni të gjithë përbërësit në një tas dhe masën e derdhim në tavën e përgatitur.
c) Piqeni për rreth 40 minuta.
d) Pritini në katrorë dhe shërbejini.

97. Tortë në një filxhan

Bën: 1

PËRBËRËSIT:
- 3 lugë miell bajame
- 1 banane, e grirë
- ½ lugë çaji pluhur pjekjeje
- 1 lugë gjelle sheqer lule kokosi
- ½ lugë çaji kanellë të bluar
- Majë xhenxhefil të bluar
- Një majë kripë
- 1 lugë gjelle vaj bajame, i zbutur
- ½ lugë çaji ekstrakt organik vanilje

UDHËZIME:
a) Në një pjatë përzierje, bashkoni të gjithë përbërësit dhe përzieni tërësisht.

b) Transferoni në një filxhan të sigurt për mikrovalë. Vendoseni në mikrovalë me fuqi të lartë për rreth 2 minuta.

98.Kupëza me limon me mjedër

Bën: 6 racione

PËRBËRËSIT
- ½ filxhan Mjedra
- ¼ filxhan Krem i rëndë
- Lëng ½ limoni
- 20 pika Stevia e lëngshme
- ½ lugë çaji çamçakëz Guar
- ¼ filxhan vaj kokosi
- 1 filxhan qumësht kokosi
- ¼ filxhan salcë kosi

UDHËZIME:
a) Blitini të gjithë përbërësit me një blender zhytës.
b) Përziejini derisa mjedrat të kombinohen plotësisht me përbërësit e mbetur.
c) Kullojeni përzierjen, duke siguruar që të hiqen të gjitha farat e mjedrës.
d) Mbushni kallëpet me përzierjen.
e) Ngrijeni kokoshkat për të paktën 2 orë përpara se t'i shërbeni.
f) Për të hequr kokoshkat nga kallëpi, vendosini nën ujë të nxehtë.

99. Topat e kifleve me karrota

Bën: 24 racione

PËRBËRËSIT:
- 2 ¼ gota tërshërë të modës së vjetër
- 1 filxhan miell gruri integral
- ½ filxhan fara liri të bluar
- 2 lugë çaji kanellë
- ½ lugë çaji arrëmyshk
- ½ lugë çaji sodë buke
- ½ lugë çaji kripë
- 1 filxhan salce molle pa sheqer
- ½ filxhan mjaltë ose shurup panje të pastër
- 1 vezë e madhe
- 2 lugë çaji ekstrakt vanilje
- ¼ filxhan gjalpë pa kripë, i shkrirë
- 2 karota mesatare, të grira
- 1 mollë e madhe, e grirë në rende

UDHËZIME:
a) Ngroheni furrën në 350 gradë Fahrenheit.
b) Rreshtoni dy tava pjekjeje me leter pergamene.
c) Kombinoni tërshërën, miellin, farat e lirit, kanellën, arrëmyshkun, sodën e bukës dhe kripën në një enë të madhe për përzierje.
d) Kombinoni salcën e mollës, mjaltin, vezën dhe ekstraktin e vaniljes në një legen mesatar për përzierje. Shkrini gjalpin dhe shtoni në masë.
e) Kombinoni përbërësit e lagësht dhe të thatë duke i trazuar së bashku. Në një tas të madh përzierjeje, bashkoni karotat dhe mollët e grira.

f) Hidheni brumin në një tepsi të përgatitur dhe rrafshoni me një masë $\frac{1}{4}$ filxhani.

g) Piqeni për 14-15 minuta, ose derisa të skuqet lehtë dhe të vendoset. Lëreni të ftohet përpara se ta shërbeni.

100. Byrek me ëmbëlsirë me pjeshkë

Bën: 10 porcione

PËRBËRËSIT:
- ⅔ c up Splenda, e grimcuar
- ⅓ c lart sheqer
- 1 c lart miell
- 2 lugë çaji pluhur pjekjeje
- 1 c deri qumësht i skremuar
- Dy kanaçe 14 ons pjeshke të prera në feta të ëmbëlsuara me Splenda
- 4 lugë vaskë të lehtë margarinë

UDHËZIME:
a) Në një enë pjekjeje 9 x 13" shkrini margarinën.
b) Në një legen për përzierje, rrihni së bashku Splenda, sheqerin, miellin dhe pluhurin për pjekje.
c) Përzieni qumështin e skremuar derisa të kombinohet plotësisht.
d) Margarinën e mbetur e vendosni sipër përzierjes në enën e pjekjes.
e) Hidhni pjeshkë mbi brumin.
f) Piqeni për 30-35 minuta në 400°F.

PËRFUNDIM

Falemnderit që u bashkuat me ne në këtë aventurë të lezetshme. Le të vazhdojë të mbushë kuzhinën tuaj njohuritë dhe frymëzimi që keni marrë.

Gëzuar gatim dhe ndarje të lumtur!

www.ingramcontent.com/pod-product-compliance
Lightning Source LLC
Chambersburg PA
CBHW070650120526
44590CB00013BA/903